D1665808

-minu   Basler Mimpfeli

-minu
Basler
Mimpfeli

Mit Zeichnungen von Hans Geisen

Band 10 bis 12

Buchverlag Basler Zeitung

© 1989 Buchverlag Basler Zeitung
Druck: Basler Zeitung, 4002 Basel
Umschlagfoto: Peter Armbruster
Printed in Switzerland
ISBN 3 85815 178 5

2. Auflage

Mimpfeli?

12 Bände voll?

Ehrlich – am Mimpfeli-Anfang hätte dies wohl kaum einer gedacht. Und der Mimpfeli-Anfang sah so aus: wir zählten damals etwas mehr als zwanzig Lenze. Und es war Ebbe – ein absoluter Dauerzustand punkto Buchhaltung und Einkommen. Wir lebten also von der Hand in den Mund – und waren darauf angewiesen bei den verschiedensten Zeitungen unsere Artikel anzubieten. Das war nicht so einfach – denn die Konkurrenz der jungen Schreiberlinge war enorm. Und die Sitten waren auch härter als heute – wenn man nicht schrieb, was dem edlen Chef vom Dienst gefiel, wurde man auf ein paar Wochen «gesperrt». Die Rechnungen flatterten trotzdem ins Haus – so konnte man schauen, wo man blieb.

Damals also, als wieder einmal Matthäi am letzten war, kam mir die Idee mit den Mimpfeli: ich grabe Basel aus. Oder anders: die alten Knochen von Basel. Kleinigkeiten aus dem früheren Alltag – Sachen, die oft in Vergessenheit geraten sind. Und wo sich der Leser dann erinnert: «Aha – jä, so isch es gsi...»

So war das also. Unser Redaktor, Fritz Matzinger, bekam schier einen Lachanfall, als er von den Plänen hörte. Und Jan Krieger, der damalige Lokal-Chef wehrte gleich zu Beginn ab: «Gut. Gut. Du sollst Deine Chance haben – aber nicht mehr als sechs Artikel...»

Wir starteten süss – nämlich mit den Schoggi-S von Schiesser. Sie sind heute noch eines der süssesten Basler Mimpfeli dieser Stadt. Nach der 6. Folge hatten wir bereits einen Korb mit Leserbriefen. Und wünschen: «Schreiben Sie doch auch einmal über...»

Also ging die Sache weiter – das Mimpfeli wurde zu einem riesigen Mumpfel. Und hat mittlerweilen einige hundert Folgen erlebt.

Noch immer produziert unsere Stadt kleine Besonderheiten am Laufmeter: Mimpfeli en gros. Keine andere Stadt der Welt bietet so viele Eigenheiten – und keine andere Stadt der Welt zählt so viele Fans, wie gerade unsere Basiles.

Vielleicht ist dies auch der Grund, dass einem das «mimpfeln» nie verleidet. Und dass Redaktoren heute mit dem Ausruf «Über Basel? – Aber nur sechs Folgen!» etwas vorsichtiger geworden sind…

Wir freuen uns jedenfalls, dass Sie mit von der heutigen Mimpfeli-Sammel-Band-Partie sind.

Und wünschen Ihnen weiterhin: Viel Mumpfel-Spass…

Ihr –minu

Zwybagg

Grossmutter hielt viel auf Zwieback. Mutter hielt viel auf Zwieback. Nur Vater hielt nichts von Zwieback. – «Altwyber-Brot» nannte er die kleinen, knusprigen Schnitten. Und Mutter war mit Grossmutter ausnahmsweise einig: «Banause! – Was versteht er schon von Zwieback. Eben!» Ich konnte mit Zwieback ebenfalls nicht allzuviel anfangen. Das einzige was mir gefiel, war die Packung. Sie schillerte so schön. Und in den dicken Glanz-Gugge hätte man «weiss-der-Himmel» welche herrlichen Köstlichkeiten vermuten können – die Enttäuschung war dann gross. Ich zog eine Schwarzbrot-Schnitte einem Zwieback vor.

Lagen wir krank im Bett, balancierte Mutter ein Tablett mit Tee an. Neben dem Tee lagen die Zwieback-Schnitten: «Das ist leicht. Und belastet den Magen nicht – nimm so ein Zwybäggli!»

Ich biss hinein. Es kroste. Und krachte. Und Bröösmeli fielen ins frische Bettuch. Das hasste ich am meisten: Brosamen im Bett – dazu noch harte Zwyback-Bröösmeli. Ich hätte nicht schlafen können, wenn nicht sofort das ganze Bett entbröösmelet worden wäre.

Mutter fütterte ihr «Kränzchen» mit Zwieback-Schnitten ab. Das kam billig. Und sie konnte bei dieser Gelegenheit auch auf die «hausgemachte Himbeeri-Gonfi» hinweisen, die sie im Konsum vom Ständer holte.

Die Damen verstanden es nun, den Zwieback elegant in ihre zerbrechlichen Fingerchen zu nehmen – sie butterten hauchfein, bissen hinein und ich schaute genau hin: nein – da schneite kein einziges Bröösmeli auf den Teppich. Bei Vater und mir tosten jeweils ganze Lawinen zu Boden. Wir waren eben nicht vornehm geboren.

Unglücklicherweise wurde ich von der Familie Muff zum Tee eingeladen. Dora hatte das arrangiert. Sie wollte ein bisschen angeben. Moritz Muff war nämlich Besitzer einer kleineren Fabrik. Er fabrizierte Dampfbügeleisen. Er muss auch Dora unter Dampf fabriziert haben – sie konnte jedenfalls ihre Spielkameraden zum Dampfen bringen.

Ich war also bei den Muffs eingeladen.

Mutter war schrecklich aufgeregt: «Siehst Du – das finde ich einen netten Umgang. Das ist doch etwas ganz anderes als der Kurtli Stalder, wo immer so wild tut. Benimm dich! Und Du weisst schon, was Du zur Frau Muff zu sagen hast – hier sind die Blumen!»

Ich schellte. Ein Dienstmädchen öffnete. Ich knickste, drückte ihm die Blumen in die Hände und säuselte: «d Mamme isch so frey und schiggd my – danggerscheen fir d'Yladig.»

Frau Muff, welche die Szene beobachtete, war tief ergriffen. Später, im Ess-Zimmer war sie's weniger, als man den Tee und die Platte mit dem frischen Zwieback servierte. Kaum hatte ich so ein Schnittchen zwischen meinen Wurstfingern, krachte und bröösmelte es gewaltig. Beim neunten gab ich's auf. Vor mir lag ein zwiebackener Bröösmeli-Berg. Und Frau Muff bekam schmale Lippen: «Dem -minuli geben wir jetzt ein Stück Schwarzbrot.»

Kürzlich nun habe ich ins Schaufenster von «Bachmann» gegluschtet – da öffnet sich die Türe und d'Mamme Bachme' nimmt uns am Arm: «Also – sie müssen ihn einfach versuchen. Wir machen ihn besonders gut... nicht zu süss... und nur wenige machen ihn noch selber... Sie wissen doch: einmal gebacken ist Einback, zweimal ist Zwieback... da ist er!»

Auf dem Blech lagen herrlich goldbraune Zwieback-Schnitten. Frau Bachmann liess sofort einen Tee kommen: «Mit Traubengelee schmeckt er am besten...» Ich nehme seufzend Platz, schaue aufs Messer, schau auf die Butter, die noch etwas hart ist – greife zu. Und «chrrr!». Das erste Schnittchen explodiert. Nach dem dritten Schnittchen schauen die Tea-Room-Gäste interessiert auf. Nach dem achten Schnittchen holt man die Putzmannschaft.

«Da – nehmen Sie ein Schwöbli», seufzt Frau Bachmann.

Grossmutter hatte schon recht: Entweder man ist zum Zwieback geboren. Oder man bleibt zeitlebens ein Banause!

s Zofinger Billett

Irgendwann im Januar schellt bei uns das Telefon.
«Hier Christ . . . es gibt also eines . . .»
Wir überlegen eine christliche Minute lang. Dann fällt der
Batzen: «Aha – ja natürlich. Vielen Dank. Ich freue mich . . .»
Ein paar Tage später liegen zwei weisse Büchlein in meinem
Briefkasten. Keine gewöhnlichen Büchlein. Die linke, obere
Ecke ziert das Zofinger Signet. Überdies liest man da: «Zofin-
ger Conzert – im grossen Festsaal des Casino Basel».
Dann von Hand: Datum. Uhrzeit. Und Platznummer.
Das kleine Büchlein ist nicht nur Programm. Es ist auch Bil-
lett. Und verschlüsselter Wegweiser für das Fagunzen-Stiggli,
für dessen Leichen (Sie wissen: so nennt man die Leute, die da
trefflich ausgespielt werden) oder für Inserätli, die da etwa
heissen: «Erfreuliche Nachrichten für alle Schwiegersöhne:
die alten Schachteln können dem Päggliauto mitgegeben werden . . .»
Bitte – das ist das, was die Zofinger einen typischen «Glettere-
Witz» (zu deutsch: ein Büglerinnen-Bon-Mot) nennen.
Die Zofinger halten auf Form. Und Tradition. Entsprechend
haben sie in den letzten Jahrzehnten auch den «Style» ihres
Billetts beibehalten: einfach, schlicht – baslerisch. Lediglich
den Preis hat man vor ein paar Jahren – nachdem er ebenfalls
jahrzehntelang Fr. 9.55 betrug – auf zehn Franken aufgerun-
det. Man konnte Frau Haegeli im Sigarelädeli am Märt – wo
der Vorverkauf übrigens heute anfängt – einfach die Fünferli
nicht mehr zumuten.
Nun besitzen die Zofinger einen Sitzplan des Casino-Fest-
saals. Die Einladungen zum Conzärtli werden verschickt –
nach dem Eingang der Einzahlungsscheine werden die Leute
gesetzt. Und erhalten so die «Billetts».
Ausnahmen bilden die «Schwerhörigen». Wer auf dem Ein-
zahlungsschein «schwerhörig» vermerkt, erhält einen der be-
gehrten vorderen Plätze. Es ist erstaunlich: aber auf den meisten Einzahlungsscheinen steht «schwerhörig» . . .
Die meisten Leute glauben, das Zofinger Conzärtli – bitte mit
C, lieber Setzer –, die Basler also glauben, das Conzärtli sei

eine reine Inside-Angelegenheit der Dalbe. Stimmt nicht. Denn spätestens nach der «Mordnacht» künden die Zofinger Plakätlein an, dass der öffentliche Vorverkauf begonnen hat. Die Heftlein sind rar. Denn das Zofinger Conzärtli hat einen guten Ruf für seine träfen Pointen. Und für die Unterschied-Witze. So etwas will sich «tout Bâle» nicht entgehen lassen. Blättert man im Eintritts-Heftlein, so steht da: 4. – Stiggli. Und darunter: Kirchgänger oder Mottenfänger? Oder: Ehre, wem Ehre gebührt. Das versteht kein Mensch. Ist aber auch nicht nötig. Denn die Fagunzen wollen gar nicht verstanden sein – es genügt, wenn sie über sich selber grinsen können. Ehre, wem Ehre gebührt!

Blaggedde-Gäld

Meine Eltern hatten kein Faible für Fasnacht. Bei mir ist es anscheinend ein Geburtsfehler. Denn Mutter sah Vater vorwurfsvoll an, als ich mit sechs Jahren als «Dänteli» vor ihr stand: «Woher er das nur hat? – Von unsrer Seite bestimmt nicht!»
Vater behauptete dann, die alten Tanten kämen bestimmt nur von Mutters Seite. Und dann gingen sie sich wieder in die Perücken – um im fasnächtlichen Bild zu bleiben.
Gottlob hatte mein Vater einen Trämler-Freund. Das war der Ernst Isch. Und gottlob spielte Ernst Isch Piccolo. So nahm er mich eines Tages einfach mit in den «Goldenen Sternen», führte mich ins Hinterzimmerchen und legte die Grifftabelle vor mich hin.
Das war der Anfang.
Ich ging dann jede Woche zum «Goldenen Sternen» – nach drei Monaten war klar: Der pfeift mit. Vorne in der Mitte. Auch wenn er erst acht Jahre alt ist.
Als meine Mutter von ihrem und meinem Glück erfuhr, war das erste: «Das wird auch kosten! Dafür haben wir kein Geld...»
Und Vater brummte hinten mit: «...überhaupt musst Du nach Adelboden. Skifahren. Andere Kinder wären froh, wenn...»
Dieses «andere Kinder wären froh, wenn...» kam mir stets vor wie der Anfang der «Aeschlemer» – stets dieselbe Leier.
Rosie wollte mir helfen: «Du finanzierst alles mit dem Blaggedde-Geld – ganz einfach. Ich verkaufe auch für Dich.»
Die Sache mit dem «Blaggedde-Geld» spielte sich so ab: Pro verkauftes Stück erhielt man zehn Prozent. Zumindest war dies in der Jungen Lälli so. Urs Hobi hat mir erklärt, er und sein Bruder hätten in der BMG stets am meisten verkauft. Aber nie Blaggedde-Geld bekommen – ein einziges Mal ein Monsterbillett. Das wäre das Höchste gewesen. Im übrigen habe man Blaggedde aus Begeisterung verkauft.
Für eine Kupferne bekam ich damals 20 Centimes, für eine Silberne einen halben Franken – an den Zweifränkler bei der Goldenen wagte ich schon gar nicht zu denken.

Bereits vor Weihnachten ging ich mit Rosie und dem Bestellblock von Haus zu Haus. «Kaufe Si au e Blaggedde?» – wir notierten Namen, grasten die Nachbarschaft ab, und das Resultat war beachtlich – wenn ich am Vogel Gryff (denn damals wurde die Blaggedde noch an diesem heiligen Kleinbaslertag ausgeliefert) alle Blaggedde abgeben würde, hätte ich 600 Franken. Und davon gehörten dann sechzig mir – das reichte für Goschdym und Larve.

Unglücklicherweise ging ich auch zu den Muffs. Madame Muff wies mich freundlich ab: «Aber lieber -minuli, das Dorli verkauft doch auch. Da muss ich schon bei ihm nehmen...»

Das sah ich ein. Am Abend schellte das Dorli bei uns: «Wieviel hast Du schon verkauft?»

«Für 600 Franken» – Dora Muff wurde bleich. «Das glaube ich nicht!»

Ich brachte ihr die Liste. «Das muss ich meiner Mutter zeigen – die glaubt's mir sonst auch nicht. Leihe mir die Liste für einen Augenblick...»

Ich gab Dora die Blätter mit den Adressen – als ich am Vogel Gryff alle meine Blaggedde an den Mann (die Frau) bringen wollte, wurde ich mit höchstem Erstaunen empfangen: «Aber Dorli hat sie doch schon gebracht!» Damals lernte ich den unlauteren Wettbewerb in der freien Marktwirtschaft kennen.

Als wir zu Hause von Dora Muffs Machenschaften berichteten, durchfocht Vater einen inneren Kampf: «Ich bin ganz dagegen, dass Du Fasnacht machst – aber was sich diese Kapitalisten da erlauben...»

«Hans!», rief Mutter, die rechtsbesaitete, «die Muffs sind anständige Leute. Ich will nicht, dass Du da Krach anfängst.»

Aber Vater ging los wie die Rakete – er muss den Muffs einen unauslöschlichen Eindruck hinterlassen haben. Als er nach zwei Stunden immer noch nicht zurückkam, wollte Mutter die Polizei alarmieren – aber da hörten wir ein fürchterliches Johlen und Singen. Draussen vor der Tür hielten sich Vater Muff und mein Erzeuger aneinander. Eine Wolke von Schnaps schwebte über den beiden – vereinigte sie, sozusagen.

Auch Vater Muff war begeistert: «Also Hans – uicks!... dann machen wir's so: 40 Goldplaketten für meine Arbeiter... uicks... die werden staunen!» Durch Beredsamkeit meines Vaters sowie die Grosszügigkeit des Fabrikbesitzers Muff gelangten seine Arbeiter in den Besitz einer Goldplakette. Ich erhielt 80 Franken vom Erlös – mein Blaggedde-Geld.

Dora Muff haben wir dann noch zünftig bestraft – im Gegensatz zu meinem Vater neigte ich schon früh mehr zu Taten. Als zu Worten.

s Schoggi-Ei

Als Kinder haben wir stets vom Praliné-Ei geträumt. Es war üppig. Es hatte einen grossen Lätsch. Und das Gelbe vom Ei: mindestens vier Pfund Pralinés.

Mutter träumte mit uns. Sie versuchte es immer wieder bei Vater: «Also, ich habe ein Ei gesehen ... ein Wunderei ... es liegt bei Kämpf im Schaufenster ... riesengross ... ich träume jede Nacht davon ... wenn ich ein einziges Mal nur so ein Ei an Ostern ... seufz, seufz ...»

Dann bekam sie wieder einen Celluloid-Sack mit Zuckereilein. Vater schenkte Mutter immer Zuckereilein. Das Schoggi-Ei blieb ein süsser Traum.

Wir fühlten mit Mutter. Wir konnten ihren Wunsch verstehen. Auch wir hätten gerne so ein Ei gehabt. Auch wir träumten davon. Und auch wir bekamen Zuckereilein.

Kurz vor Ostern nun kam Glanz in Mutters Augen – Frühlingsglanz: «Ich habe Hugo getroffen ...»

Dies wiederum traf Vater: «Wer ist Hugo?»

«Ach», Mutter lächelte abwesend, «... ging mit mir in die Schule ... man war ja noch so jung ... und so verliebt ... und ...»

«Wer ist Hugo!!?»

«He eben – Hugo Hugentobler. Immer Primus. Und immer nett angezogen. Und so geschickt. Nur im Turnen war er etwas langsam ... ich habe Hugo das Ei gezeigt. Er findet es auch so wunderschön ...»

Mutter seufzte wieder. Dann schüttet sie den heissen Kaffee in die Bierbecher. Ihre Gedanken waren bei Hugo. Und beim Ei.

Vater knallte die Türe. Vater konnte sehr wütend werden. Vater sah rot, wenn seine Trämler-Ehre in den Dreck gezogen wurde. Aber bei einem Ei – da sah er zinnoberrot.

Es kam Ostersamstag. Mutter trällerte schon den ganzen Tag. Und Grossmutter brummte: «... die hat einen Plattenspieler verschluckt.» Dann klingelte es. Ein Ausläufer stand unter der Türe. Er trug eine grosse Schachtel. Mutter presste die Hände ans Herz – Grossmutter presste die Nase an die Schachtel: Ei!», sagten beide.

«Ein Ei», sagte auch Vater. Man hörte den Donner im Wald...

Es war ein Riesenei. Das schönste Osterei, das ich je gesehen habe. Am Riesenei-Riesenlätsch hing ein kleines Kärtchen: «Frohe Ostern – Dein Hugo!»

Hugo Hugentobler hatte zugeschlagen.

«Ist es nicht wunderschön... ist er nicht lieb?», flüsterte Mutter gerührt. Und dann kam Zinnoberrot über Vater. Er nahm das Ei, hielt es wie ein Kugelstosser seine Kugel und warf. Es zerschmetterte haarscharf über dem «Asparagus». Das Ei war nur noch Schoggimehl. Und Schoggi-Krümelchen.

«...so wird's Hugo Hugentobler ergehen», brüllte Vater, «der braucht mir nur unter die Augen zu kommen».

Dann knallte die Türe – «frohe Ostern», hüstelte Grossmutter. Mutter las die Schoggi-Brosamen zusammen. Sie seufzte: «So ein wunderschönes Ei... endlich einmal ein Ei... und jetzt das.»

«Und bestimmt ist es enorm teuer gewesen», wetterte Grossmutter.

«... über sechzig Franken habe ich ausgegeben», schluchzte Mutter. «Ich hab's mir doch selber geschickt. Und den Hugentobler ein bisschen erfunden... wollte ihn doch anheizen...»

Am anderen Tag lag auf dem Frühstückstisch für Mutter ein Säcklein mit Zuckereili. Das war von Vater. Wir aber bekamen die Überreste eines beschädigten Eis von Herrn Hugentobler zugesprochen...

Coiffeur-Däller

Mutter hielt viel von einem sauberen Haarschnitt: «An den Haaren des Mannes, erkennt man Johannes», erklärte sie stets. Grossmutter kicherte dann. Und Mutter schoss strafende Blicke: «Anna – du hast haarige Gedanken. Pas devant les enfants!»
Wir wurden also alle vierzehn Tage zu Hugo Huggentobler geschickt. Hugo Huggentobler führte das Coiffeur-Geschäft beim Allschwilerplatz. Frühmorgens, wenn er sein Geschäft öffnete, hängte er den goldenen Teller an sein Schild. Abends hängte er diesen Teller wieder ab: «So sehen die Leute, ob ihr Huggentobler da ist...», erklärte er uns. Und er erzählte, wie er als Coiffeur-Lehrling an der Prüfung noch den Rasier-Schaum auf einem solchen «Coiffeur-Däller» habe anrühren müssen.
Mutter drückte uns also einen halben Franken in die Hand – uns erwarteten Qualen, Torturen, die Angst vor dem Rasiermesser, mit dem Hugo Huggentobler uns ans Genick ging, die Angst vor dem Blutlösch-Stift, wenn er uns wieder verletzte, und das entsetzliche Beissen der Haarschnipsel, die uns hinterlistig in den Rücken fielen.
Im übrigen hatte ich bei Hugo Huggentobler stets Würg-Gefühle. Von einer Rolle zupfte er gelbliches Crêpe-Papier ab, wickelte dieses um unseren dünnen Hals – weshalb, habe ich bis heute noch nicht herausgefunden. Ich vermute, es war lediglich, um die Kinder zu quälen.
Eines Tages hatten wir genug. Rosie, die Zöpfe trug und somit den Huggentoblerschen Problemen entging, marschierte mit einer Schere an.
«Du gibst mir 25 Centimes – wir machen kippe. Ich schneide mindestens so schön wie der Huggentobler. Ich habe an Brummbrumm geübt.»
Brummbrumm war der Teddybär. Tatsächlich präsentierte er sich jetzt mit Bürstenschnitt. Es machte ihn bedeutend jünger.
Rosie richtete den Coiffeur-Salon im Keller ein. Eine Glas-Tortenplatte stellte den Coiffeur-Däller dar. Rosie machte «dingdong» und einen Knicks:

«Aha – guten Tag, lieber Herr -minu. Nehmen Sie nur Platz.» (Sie wedelte mit einem imaginären Bürstchen über das Tabourettli.) «Darf's eine Zeitung sein? Und eine Schnauz-Rasur!» Dann holte sie ihre Waffen hervor: Mutters Nähschere. Vorher wickelte sie mich noch in ihren grünen Gummi-Regenmantel ein – und schon kam sie über mich:

«Einen Coupe Hardy, nicht wahr?»

Peter Kraus trug damals einen Coupe Hardy. Rosie schwärmte für Peter Kraus. Sie schnitt alle Artikel über ihn aus – unglücklicherweise hatte sie den Artikel, wie man den Coupe Hardy von Peter Kraus schneidet, verlegt. Als sie mir im Taschenlampen-Schein wichtigtuerisch den Spiegel vor den Kopf hielt: «So – ist's so recht? Bitte, Herr -minu!», war ich tatsächlich hingerissen: Rosie hatte wild gewütet. «Man könnte es auch Artischocken-Schnitt nennen», meinte sie unsicher. Dann wurde ich auf die Welt losgelassen.

Mutter entdeckte mich und stiess einen Schrei aus: «Hat der Huggentobler wieder zu tief in die Flasche geschaut – du armes Kind! Sofort suchen wir einen andern Coiffeur.»

Sie schloss mich in die Arme. Ich heulte ergriffen. Dann brachte sie mich an die Birkenstrasse. Dort war der Kaltenbach. Die Kinder durften bei ihm auf einem Resslirytty-Ross Platz nehmen. Und auch sonst war's bei ihm ein ganz anderes Frisier-Gefühl: Er spritzte den Kunden zu guter Letzt mit Schmeggiwasser an. Vater rümpfte zwar die Nase: «Das Kind schmeckt ja wie gewisse Damen in einem Puff...» Doch Mutter zog die Augenbrauen hoch: «Du musst es ja wissen...»

Das mit dem Schmeggiwasser hat mich überzeugt: ich bin Coiffeur Kaltenbach und seinem Resslirytty-Ross treu geblieben. Nur Rosie schnödete stets über meinen neuen Schnitt. Aber es war der blosse Neid, weil ich ihren Artischocken-Schnitt nicht weiter berücksichtigen wollte...

Eiersuchen

Vater war (ist) der geborene Osterhase. Er hoppelte (hoppelt) gerne von Nestchen zu Nestchen. Und hielt die Ohren steif. Vater muss im chinesischen Jahr des Hasen geboren sein. Vater liebt Familienfeste über alles. Spätestens Ende Oktober macht er schon geheimnisvolle Andeutungen über die Weihnachtsgeschenke. Und am 2. Januar malt er das erste Osterei. Vater ist ein Fest-Mann. Er muss festen. Sein Sohn muss fasten. Ein Fast-Mann also (aber wir hoppeln vom Oster-Thema ab).

Natürlich wurden die Oster-Überraschungen versteckt. Weil wir kein Gärtchen besassen, schloss Vater die Stube ab und legte seine Eier hinter den Bücherschrank, hinter das erkaltete Ofentürchen, in die chinesische Vase (Verlobung 1942 – von Tante Martha).

Rosie und ich mussten wie Hunde die Spuren aufschnüffeln und Beute jagen. Manchmal vergass Vater wieder, wo er seine Eier versteckt hatte – spätestens im Frühsommer roch man's.

Es kam der Tag, wo Vater eine Idee hatte. Das war und ist bei meinem Vater selten. Entsprechend wurde Mutter bleich und stöhnte: «Hans! – Ich kenne das! Ich leide an Ahnungen!»

«Dummes Zeugs: Ahnungen! – Wir werden mit den Kindern in den Wald gehen. Ich gehe eine Stunde vorher. Dann dürfen sie die Geschenke suchen – und das ist doch richtig Ostern...» Rosie und ich hätten die Geschenke lieber wieder in der Stube gesucht. Es war bequemer. Wir hassten Sonntagsausflüge. Aber Vater war von der Idee beseelt, kaufte Unmengen von Ostereiern ein, Schokoladen-Hasen, für Rosie den ersten Schulsack, für mich eine Garnitur Farbstifte (82 Stück!) – natürlich wussten wir nichts davon. Aber wir hörten Mutter zetern: «Du bist total übergeschnappt! Das Geld, das du für die Kinder ausgibst, muss mir für einen Monat reichen...» Da wussten wir: es gibt eine frohe Ostern!

Leider täuschten wir uns gewaltig.

Der grosse Tag kam – frühmorgens schon hüpfte Vater aus dem Bett. Aufgeregt. Er verstaute unsere Geschenke im Auto und fuhr in Richtung Blaue Reben. Zur Mutter: «Wir treffen uns im Trämler-Restaurant. Etwa in drei Stunden. Aber verrate nichts...!»

«Ich bin schliesslich kein Kind!», giftelte sie, weckte uns und erklärte: «Euer Vater ist vollkommen übergeschnappt. Er hat für eine Kompanie Schokoladen-Hasen und Eier gekauft jetzt fährt er ins Restaurant Blaue Reben und ihr könnt die Sachen im Wald suchen...»

Als wir höchst gespannt im Trämler-Restaurant eintrafen, hörten wir frohe Gesänge: «Aaaaaber der Waaaagen der rollt...» Wir kannten die Stimme. Es war unser Osterhase. Nur waren seine Ohren nicht mehr so steif. Und die Augen leuchteten zinnoberrot.

«Huldi – noch ein Zweierli und zwei Eierli!», brüllte Vater. Dann schüttete er sich aus vor Lachen. Er war der einzige. Der Anfall war auch abrupt vorbei, als er Mutter und die Brut entdeckte.

«Wo sind die Eier?», brüllten wir.

«Im Wald, im Wald – da findet ihr sie bald!», sang Vater wieder.

«Nicht ihr», flötete Mutter «WIR!» Dann zog sie ihn hoch: «denn DU kommst mit!!»

Es war ein frohes Eiersuchen. Vater konnte sich an nichts mehr erinnern. Wir heulten und Mutter klopfte das Moos ab. Einmal stürzte Rosie mit einem Jubelschrei auf einen Gerstenzuckerhasen los – aber da kam ein Mann gerannt: «Seid Ihr verrückt – den habe ich für meine Kinder versteckt. Die kommen bald. Macht dass Ihr verschwindet...» Der Mann war beneidenswert nüchtern.

Es wurde ein sehr schweigsames Osterfest. Zu Hause fand Vater im Kühlschrank noch eine Schachtel mit harten Ostereiern. Aktion. Aus Polen.

Die hat er dann in der Stube versteckt.

Aber es war nicht dasselbe...

Schulzahnklinik

Es ist jedes Mal dasselbe: Wenn ich zum Zahnarzt muss, bete ich zum Himmel, dass er krank ist. Oder dass er vom Stuhl fiel und den Arm gebrochen hat. Oder ansteckende Angina. Oder...
Umsonst. Er ist immer kerngesund. Und er heisst mich mit einem Reklame-Lächeln freundlich willkommen: «Aha – ist es wieder einmal soweit...?»
Er lächelt ständig, so wie er ständig spricht. Und ständig bohrt. Und ständig erklärt: «Sie müssen das Zahnfleisch besser massieren. Und keine Schokolade nach dem Zähneputzen...»
Es ist seltsam. Dasselbe hat meine Mutter schon immer gesagt: «Jetzt hast du die Zähne geputzt, jetzt gibt es keine Schokolade mehr... einen Apfel ja. Aber kein Branchli.»
«Sie sollten mehr Äpfel essen...», sagt der Zahnarzt.
Weshalb können Äpfel nicht nach Schokoladen-Branchli schmecken... da wäre ein Nobel-Preis zu holen.
Als Kinder mussten wir in die Schulzahnklinik. Heute hat sie den Ruf, die beste von ganz Europa zu sein. Ich mag's ihr gönnen. Und den Kindern auch. Zu unserer Zeit nannten wir sie schlicht die Rossmetzgerei. Und ich bin überzeugt, dass die Pferde in einer solchen nicht so lange leiden mussten, wie wir Gnäggis, die wir da an einem freien Mittwochnachmittag in die «Dalbe» zottelten und auf dem Sünderbänkchen warteten, bis unsere Namen für den ersten Stock (das Marterzimmer!) aufgerufen wurden.
Rosie und ich gingen zusammen. Dora Muff kam auch mit: «Bei mir ist es eine reine Formsache», gab Dora an. «Unsere Familie hat sehr gesunde Zähne. Überhaupt haben vornehmere Familien bessere Zähne, weil sie besser essen...» Sie schaute uns von der Seite an: «Das kann ja bei euch heiter werden – ihr Armen...»
Daraufhin stellte ihr Rosie das Bein. Dora stürzte. Da sie aber auch im Sturz ihr schandbares Maul zuvorderst hatte, fiel sie auf die Schaufel.
«Jetzt ist dein Weg zum Zahnarzt zumindest nicht verge-

bens...», säuselte Rosie. Die Schaufel war nämlich zu einem guten Drittel ab.

«Dassss büsssst Du mir...», lispelte Dora. Die abgebrochene Schaufel liess ihre «ssss» schärfer ertönen, verlieh ihr gar einen gewissen Charme – vielleicht hätte man die Sache so lassen müssen. Doch der Zahnarzt war da anderer Ansicht.

Zu Hause haben sie uns dann auch die Zähne gezeigt. Frau Muff war da. Und Herr Muff war da. Und Dora war da. Und alle erklärten sie unseren lieben Eltern, welch unmögliche Kinder wir seien. Als ob die das nicht schon längst geahnt hätten.

«Dora hat gesagt, sie habe bessere Zähne, weil sie eine bessere Familie wären...», petzte Rosie, «...jawohl, und wir hätten Löcher, weil wir eine Loch-Familie seien», doppelte ich nach.

Jetzt wurde Vater rot.

«Ich habe nur gesagt, was meine Eltern immer erzählen...», gab Dora kriegerisch zurück.

Vater wurde noch röter, Mutter flüsterte: «Hans! Hans – nimm dich zusammen!»

Aber da war es auch schon passiert. Vaters Schlag traf. Gustav Muff musste sofort zum Zahnarzt – ebenfalls Schaufel-Defekt. Ausgerechnet vorne rechts – auf die Linken schlug Vater nämlich nie.

Und Rosie erklärte sonnig: «...dabei hat Dora erklärt, ihre vornehme Familie habe nie etwas an den Zähnen. Ha!»

Ganzdäägige

Immer wenn unser Primar-Lehrer Ruppli eine Gans auf die Wandtafel kritzelte, wenn er sein Stöcklein schwang: «Das ist eine Gans, meine Lieben – und morgen ist ein ganz toller Tag. Gans mit -s-, meine Lieben. Und ganz toll mit -z- meine Lieben», dann wussten wir: jetzt kommt der «Ganzdäägige».
Ich war nicht glücklich darüber. Ich mochte keine «Ganzdäägige». Meine Familie hat mir hier gründlich den Verleider bereitet. Wie oft hat's bei uns an einem Sonntag geheissen: «Auf! Auf! – Schönes Wetter. Die Natur lockt. Lasst uns auf den Gempen gehen ...»
Es war immer der Gempen. Sowohl bei Herrn Ruppli in der Primarschule. Später bei Herrn Bethke im Gymnasium, der den Gempenturm mittels einer Landkarte suchte und nie fand. Und immer bei meinen Eltern: Der Gempen; wer Ganzdäägige sagt, muss auch Gempen sagen. Amen.
Missmutig schnürten wir die viel zu engen Wander-Schuhe, packten den viel zu grossen Rucksack. Mutter braute Lindenblütentee, den sie viel zu heiss in die Plastikflaschen abfüllte. Die Flaschen bekamen dicke Bäuche. Und der Lindenblütentee schmeckte nach Kunststoff – nie nach Lindenblüten. Die Eier brodelten und platzten vor Freude – und Rosie griff zum Gesangbuch «Der frohe Wandersmann». Sie war eine Wandernatur. Gestiefelt und gespornt marschierte sie im Gang auf und ab, posaunte: «Mein Vater war ein Wandersmann» (was nicht stimmte: er ist Trämler), und konnte es kaum erwarten, bis die Familie wie ein kleines «Schyssdräggzigli» rotsockenkostümiert und mit Wandermützchen durch die noch schlafenden Sonntags-Strassen zog.
Wir kamen stets am Haus von Dorli Muff vorbei. Ich seufzte. Die Läden waren geschlossen. Dorli Muff hatte es gut. Seine Eltern hatten ein Auto und fuhren jeden Sonntag Basel–Bern–Basel. Das war ein Leben!
Meistens begann der Streit im «gääle Drämli», das uns nach Dornach schüttelte. Mutter schlug den Wanderweg vor: «Schön gemütlich, Hans – nicht wieder direkt durch den Wald, dass du den Turm nicht mehr findest ...», hier wurde

ihre Stimme hoch, spitz, messerscharf. Sie traf. Und Vater reagierte wie von der Tarantel gestochen: «... was heisst nicht finden?... Nur weil ich euch letzten Sonntag ein bisschen die Waldblumen zeigen wollte... du hast überhaupt keinen Sinn für die Natur, Lotti!»
Dann lagen sie sich in den Haaren und die Kirchenglocken schellten dazu.
Von zehn «Ganzdäägige-Sunntig» nahmen wir achtmal den Weg durch den Wald. Oder mit andern Worten: Wir irrten jeden Sonntag im Gestrüpp umher. Erspähten wir endlich den Turmzipfel, posaunte Vater überglücklich: «Wohlauf mit frohem Muuuute...» Leider waren die «Feuer-Plätzchen» alle schon besetzt. Uns blieben die Ameisenhaufen. Und gekochte Eier, über welche die Ameisen Wettläufe organisierten.
Nach dem Mittagessen ging Vater in die Beiz. Hier traf er sich mit andern Vätern. Sie politisierten. Und brachten die Welt in Ordnung.
Mutter lag auf der Wolldecke und las Kronen-Romane. Oder Jerry Cotton. Manchmal seufzte sie auf – dann wussten wir: entweder eine Leiche oder eine Hochzeit.
Abends, im Tram auf dem Heimweg, gab's wieder Krach: «Natürlich hast du der Serviertochter schöne Augen gemacht... Solltest dich schämen, in deinem Alter... und wo die doch mit jedem...»
«Das Wandern ist des Müllers Luuust...» brüllte Rosie.
Ehrlich – ich bin froh, dass ich den Wanderschuhen entwachsen bin. Und wenn ich heute so einen Dreikäsehoch mit dem Rucksack auf dem Aeschenplatz warten sehe – dann atme ich befreit auf: Vorbei. Ich fahre am freien Sonntag auf der Autobahn Basel–Bern–Basel – mit Picknick am bequemen Rastplatz.

Döggderle

Wir hatten keine Fernsehkiste – ein schrecklicher Verlust.
Dora Muffs Eltern hatten nämlich eine. In den Fernsehglotz-
Augen von Dora Muff waren wir somit minderwertig.
«Was macht ihr denn, wenn ihr die Aufgaben hinter euch
habt?», höhnte Dora immer, «Eile mit Weile... haha! Oder
spielt ihr etwa noch ‹Müeterlis›?»
Rosie und ich wurden rot. Wir spielten immer «Müeterlis».
Allerdings mit vertauschten Rollen. Ich war die Mutter, die
Sauerampfer-Mus kochte. Rosie aber malte sich mit Mutters
Wimpernbürste einen Schnurrbart und war der Mann des
Hauses, der mir den Zahltag abgeben musste.
Wir entschlossen uns, Dora Muff ebenfalls das Spielen beizu-
bringen. Eines Tages flüsterte Rosie aufgeregt mit Vera Meier.
Die beiden kicherten – Dora Muff wollte auch mitkichern:
«Ach weisst du» fing Rosie an, «das ist nichts für dich. Du
gibst dich ja nicht mehr mit Kindern ab. Wir haben aber ge-
stern ‹Döggderlis› gespielt – der Alexli Stürchler war der Arzt.
Und...»
Dora Muff bekam wieder Glotzaugen. Sie schwärmte für Alex
Stürchler. Sie hat ihm Salbungsvolles ins Poesiealbum gereimt
und gar einen Gluggersagg gehäkelt. Dora Muff griff sich ans
Herz, das noch keines war: «Oh der Alex – und ihr habt ‹ge-
döggderlet›?! Und was hat er denn mit Euch so ‹gedöggder-
let›?»
Jetzt kicherten die beiden Mädchen wieder, bohrten in der
Nase und verdrehten die Augen himmelwärts. «So einen Doktor findest Du ämmel in deiner blöden Glotzkiste nie...»
trumpfte das Rosie auf. «...vielleicht könnte ich mich auch
einmal beim ‹Döggderle› einschreiben», hub nun Dora an.
«Ich würde gerne ein Zvieri stiften.»
So trafen wir uns nach der Schule in unserem Gartenhäuschen
– wir verlegten das Kinderspital aus der elterlichen Gewalt-
zone. Es gibt medizinische Sachen, die Eltern eben nicht verstehen.
Alexli Stürchler hatte sich gewissenhaft auf Dora Muffs Ope-
ration vorbereitet. Unter seinem Arzt-Werkzeug fand man

eine alte Syphon-Saugpumpe, ein Päckchen Nähnadeln sowie ein überdimensionales Küchenmesser.

Schliesslich legten wir Dora Muff auf die alte Gartenbank. Sie wurde mit Hosenträgern und Pfadi-Gürteln festgeschnallt. Rosie spielte die Krankenschwester. Sie trippelte weissbeschürzt und mit Nastiechli-Haube zur Patientin: «Ich muss ihnen nun die Narkose geben – liebes Fräulein Muff». Dann schwang sie einen Gummihammer. Dora Muff schrie. Aber schon erschien der Doktor: «Beruhigen Sie sich – liebes Fräulein, sie haben ein Geschwür im Bauch».

Alexli Stürchler tat dann das, was man beim «Döggderle» eben so macht. Heute arbeitet er im Tiefbau. Zusammenhänge sind rein zufällig. Schliesslich dokterte er noch ein bisschen mit der Gummi-Saugpumpe herum – Dora Muff kicherte sich in die Narkose. Dann endlich hielt der Arzt einen riesigen Frosch in den Händen: «Das ist das Geschwür – liebes Fräulein.»

Die Patientin erwachte erstaunlich schnell aus der Narkose. Sie schrie zetermordio. Der Frosch hüpfte auf ihrem Bauch herum – Krankenschwester Rosie brüllte vor Begeisterung. Sie hatte jegliche Ordenswürde verloren.

Doktor Stürchler versprach das Frosch-Geschwür zu beseitigen, wenn Dora Muff – quasi als Spitalgeld – die ganze Belegschaft zur Kinderstunde vor den Flimmerkasten einladen würde.

Dora versprach's. Hielt Wort. Doch nach dem dritten Fernsehnachmittag ist uns klar gewesen, dass «Döggderle» bedeutend spannender ist. . .

Feuerwerk

Wir liebten den ersten August. Wir wurden da wohl nicht sehr verwöhnt. Es gab einen Franken. Für Frauenfürze (Rosie). Und für bengalische Streichhölzer (ich). Dann wurde uns jedes Jahr dieselbe lachende Sonne an den Lampion-Bügel gehängt.

Wir streckten die Leuchte weit von uns und stolzierten bolzgerade am Rheinweg entlang. Im Grunde genommen warteten wir nur auf den Augenblick, wo Onkel Alphonse sagte: «Es ist soweit.» Dann war nämlich Feuerwerk. – Onkel Alphonses Feuerwerk. Man hätte das Ganze auch «Feuerball» nennen können.

Onkel Alphonse war die Familien-Rakete. Man fürchtete seine Explosionen. Den Treibstoff holte er sich im Kirsch. Und Onkel Alphonse war diese Gattung Onkel, wo Mutter durch die Nase zu sprechen begann – vorwurfsvoller Blick auf Vater: «Es ist deine Familie...»

Vater seufzte: «Du hast ja recht, Lotti...»

Wir Kinder verehrten Onkel Alphonse sehr. Bei ihm durften wir alles – sogar fluchen. Er nannte das Therapie.

Onkel Alphonse liebte Explosionen – aller Arten. Auf den Schweizer National-Feiertag bastelte er stets wunderschönes Feuerwerk – Dora Muff benied uns sehr, wenn aus dem Garten Rosenbouquets, Sternen-Strassen und funkelnde Springbrunnen zum Himmel zischten. Wir genossen Doras Neid. Ja, wir heizten Onkel Alphonse jedes Jahr noch mehr an: «Du musst eine Sensation bauen – damit Dora explodiert.» Das Allerbeste an Onkel Alphonse war jedoch, dass er auch ein Schlecht-Wetter-Feuerwerk einplante. Dies wurde einfach in der Stube abgelassen. Und für einmal tat Alphonse besonders geheimnisvoll: «Seht ihr diese Bombe – da sind kleine Männlein drin. Die schwingen Fahnen, wenn das Ganze explodiert.»

Natürlich gaben wir mit der fahnenschwingenden Bombe bei Dora dick an. Sie offerierte ein Pfund Sugus sowie drei Cola-Fröschli – damit war sie mit dabei. Und durfte abends mit uns feiern.

Nun wollte es Petrus schlecht. Er liess es schütten, was das Zeug hielt. Onkel Alphonse schüttete mit – Mutter stellte vorsorglich die Kirschflasche auf die Seite. Aber Onkel Alphonse pflegte Reserven.

Gegen zehn Uhr abends war er zünftig im Schuss: «Das soll nur regnen – wir haben ja zweierlei Feuerwerk», strahlte er uns an. «Ein Stubenfeuerwerk...»

«... jawohl. Mit den schwingenden Fahnen-Männchen», nickte Dora Muff in Vorfreude.

«... und ein enormes Open-Air-Feuerwerk mit Donner-Raketen – so Petrus doch noch Einsicht zeigt», versprach unser Onkel.

Petrus zeigte keine Einsicht. Onkel Alphonse auch nicht. Als er die Familie in die Stube bat, damit sich alle das Zimmer-Feuerwerk anschauen konnten, schwankte er schon bedenklich.

Dora setzte sich an den Stubentisch, wo die riesige Bombe stand.

Es kam der Moment, wo die Bombe loslegte. Zuerst nur mit leisem Zischen. Doch dann donnerten Feuerkugeln durchs Zimmer, Flammen schlugen hoch – es zischte und krachte. Die Vorhänge loderten bereits.

Die Familie suchte in Panik den Garten auf, jemand rief die Feuerwehr – nur Dora Muff sass stumm am Tisch und stierte auf die Bombe, die da Funken über ihren Kopf hinweg spielt: «Wann kommen denn die Männchen mit den Fahnen?...»

Es kamen nicht die Männchen mit den Fahnen. Es kamen die Männchen von der Feuerwehr. Aus den Fenstern quollen Rauchwolken – ein letztes Mal explodierte ein Donnerfeuer. Dann war Ruhe. Man hörte nur noch das Zischen des Löschapparats.

Später explodierte Mutter: «Alphonse», heulte sie, «Alphonse – und alles wegen diesem saudummen Stuben-Feuerwerk. Da war ich ja immer dagegen...»

Onkel Alphonse tat zerknirscht: «Ich habe sie verwechselt und das Gartenfeuerwerk in der Stube abgelassen...»

Dora Muff aber höhnte am andern Tag: «Ha – Männchen die Fahnen schwingen! Alles fauler Zauber...»

Dann verlangte sie das Pfund Sugus und die drei Cola-Fröschli zurück.

Schinken-Begräbnis

Rosie litt. Sie setzte Speck an. Und die badische Küche unserer Lydia machte ihr zu schaffen.

«Es liegt nur an eurem Kochen. Immer Teigwaren. Und dicke Suppen. Und Brotbrösmeli. Und Angge-Schnitten – bei den Muffs haben sie zuerst ein kleines Voressen. Dann Fleisch und Salat. Zum Dessert: Früchte...»

Rosie heulte: «Weshalb bin ich nicht in eine noblere Familie hineingeboren worden...»

Vater schaute zu Mutter: «Danke – mir reicht's».

Und Mutter seufzte: «Als Trämlerfamilie wäre es nicht schicklich, mit Voressen und Dessert aufzufahren – wir bleiben bei Suppe und Auflauf. Basta. Im übrigen gibt es in Basel keine Köchin weit und breit, die so herrliche Aufläufe komponiert wie unsere Lydia.»

Hin und wieder waren wir bei Dora Muff eingeladen. Man zog dort tatsächlich alle Register – Rosie frass allein schon aus Ärger: «Ich kann Dora nie einladen – ich geniere mich so. Mit unsern Suppen. Und den Aufläufen...»

Unglücklicherweise entflammte sich Rosie nach den ersten drei Tanzstunden bei der guten Frau Bickel auch noch für Amor Muff: «Keiner steht einem so nett auf die Füsse wie Amor...», schwärmte sie. Und verdrückte selig 100 Gramm Marzipan-Trüffel. Seligkeit machte sie stets hungrig.

Die Aufregung war gross, als Amor Muff bei meiner Mutter vorsprach. «Er will mich zu einem Ball einladen», hatte Rosie vorgeackert. «...und da will er euch fragen. Das tut man in seiner Familie eben...»

«Ho! Ho!» brüllte Vater, «als ich mit deiner Mutter einmal... da sind wir ganz einfach abgehauen und haben zu Hause erzählt, wir hätten den Zug verpasst... und...»

«Hans!», zischte Mutter. «Pas devant les enfants.» Dann lächelte sie zu Rosie: «Lass ihn kommen – ich schaukle das schon!»

Amor kam sehr geschniegelt. Und rechts gescheitelt – was Vater missfiel («wenn er ihn zumindest links tragen würde...»).

Mutter war ganz Dame: «Natürlich kann Rosie mit dir an den

Ball. Aber ich will nicht, dass du da grosse Auslagen hast. Meine Tochter lässt sich nicht einladen – sie ist ein anständiges Mädchen. Komm vorher – dann kannst du mit uns essen ...»
«Mutter!» Rosie erbleichte.
Eine Woche lang gab uns Rosie Anweisungen: «Schmatzt nicht so laut beim Essen. Und Vater soll seine Trämler-Witze gefälligst verklemmen. Und du kau' nicht immer an den Fingernägeln», zischte sie mir zu.
«Ich weiss etwas gegen Mundgeruch», zischte ich zurück. Nur um sie zu ärgern. Rosie frass drei Tafeln Schokolade in die Aufregung.
Als der Tag und Amor kamen, war die Familie schon ganz mit den Nerven fertig. Nur Lydia blieb ruhig, wie immer: «So 'n Theater, wegen den Hosen ...», brummte sie. Und brachte 's Schungge-Begräbnis auf den Tisch.
's Schungge-Begräbnis war einer ihrer liebsten Aufläufe. Selbst das gute Fräulein Engel von der Basler Kochschule hat sie nach dem Rezept gefragt.
Als das Schungge-Begräbnis auf den Tisch kam, wurde Rosie blass.
Mutter hüstelte: «... ähemm, bei uns geht's halt einfach zu, ähhh ...»
Doch Vater donnerte: «Einfach? So ein Schungge-Begräbnis ist noch immer ein Festessen!» Dann haute er rein. Und Amor mit. Rosie ass keinen Bissen – es war das einzige Mal. Und Mutter sah stumm zu, wie Amor eine fünfte Portion verschlang: «Also wirklich, so etwas Raffiniertes kommt bei uns zu Hause nie auf den Tisch. Ach Rosie, du bist zu beneiden ...» Worauf ihm Lydia strahlend eine sechste Portion auf den Teller knallte.
Mit dem Ball ist allerdings nicht viel geworden. Amor konnte kaum mehr stehen – er platzte aus allen Nähten. «Weisst du was – wir bleiben zu Hause. Was gibt's im Fernsehen?»
Mit dem Schinken-Begräbnis ist auch eine flammende Liebe begraben worden. Rosie ging in die Küche. Sie ass sechs Spiegeleier in die Wut. Das hatte sie davon!

*

Das Rezept: Schinken wird in Streifen geschnitten, Spaghetti werden al dente gekocht und Eier werden gut zerschlagen sowie mit etwas Basilikum, sowie Salz, grobem Pfeffer und Paprika gewürzt. Champignons werden in Butter zwei Minuten gebraten. Schliesslich mengt man das Ganze sorgfältig untereinander, gibt es in eine ausgebutterte Gratin-Form und würzt immer wieder mit Parmesan. Zuletzt gibt man die Eiermasse über das Ganze, schneit nochmals Parmesan darüber und lässt es im Ofen braun backen.

Schänzli

Mutter hatte ein Faible für das Schänzli. Grossmutter auch.
Letztere bekam feuchte Augen und schwärmte von den Zeiten,
wie sie noch als kleines ungarisches Mädchen durch die Puszta
geritten sei. «Och Minuschko – waren sähr scheenes Zeiten»,
rief sie hochdramatisch. Wenn sie hochdramatisch war, sprach
sie stets im ungarischen Dialekt.
Mutter interessierte sich weniger für die Pferde, als vielmehr
für die Mode. «Hier gibt's wenigstens noch Damen mit Hut»,
erklärte sie ihrer Bridge-Runde.
Immer vor der Schänzli-Saison wurden die Hutmacherinnen
Turène bemüht, auf dass sie Mutter für die Rennen behüteten.
Vater sah bei Hüten rot. Und beim Pferderennen: «Diese Pro-
minenten-Wichser, die! Und das Affentheater mit deinen Hüten – wenn die Gewerkschaft einmal an der Spitze ist, hört das
auf!»
«Ach Hans», flötete Mutter sonnig, «du willst doch nicht auf
dein Trämler-Mützlein verzichten müssen . . .»
Kaum auf dem Schänzli angekommen, wurden wir von den
Erwachsenen nicht mehr beachtet. Ein Wettfieber überfraute
sie. Mutter holte beim Platzwart Tips ein. Grossmutter
schwörte auf ihre Intuition.
Wenn's der Zufall wollte, dass so ein gewettetes Pferd vorne
mitgaloppierte, galoppierte bei unsern Frauen auch das Tem-
perament durch. Sie brüllten, beschworen, fluchten – Mutters
neuestes Turène-Modell kippte auf Halbmast. Und Grossmutter kaute kiloweise Coramin-Tabletten – «es ist das letzte Mal,
ich schwöre es Euch – es ist einfach nichts für meine Nerven».
Dann sank sie Mutter heulend an die Brust: «Schon wieder 10
Franken zum Teufel – dieser Lahm-Arsch!»
«Pas devant les enfants», zischte Mutter. Und setzte den Hut
wieder gerade.
Mittlerweile war auch Vater auf der Tribüne erschienen. Er
grinste demonstrativ in seiner Uniform zu Mutter. Neben ihm
standen zwei Billeteusen – mit Pony-Frisur. Und Ross-
schwanz. Galant stellte er sie Mutter vor. Diese übersah – ganz
Herzogin von Adelboden – dargebotene Hände und lächelte

Vater freundlich zu: «Wie passend die Damen – im Ross-
schwanz! Sollten sie den Mist ablassen, denke doch an unsere
Rosen, Hans...»

Grossmutter grinste. Sie hatte Feuerbäckchen – ihr letzter Einsatz hatte sich gelohnt. Und sie hat fest mit Cognac gefeiert.
Doch Cognac und Coramin machten sie redselig: «Als ich
noch durch Puszta ritt, meine scheenen Damen...», hub sie
an. Dann wurde sie von Mutter abgeschleppt. Die Fasanen-
federn auf dem Tschäpper zitterten – es war der Wind vor dem
Sturm.

Nie hätten wir das Schänzli verlassen, ohne dass Grossmutter
aus ihrer Ledertasche einen Plastik-Sack hervorgeknübelt hätte: «... und jetzt unsere Ernte, liebes Lotti!»

Mutter zuckte dann immer zusammen: «Vergiss es für einmal
– ich habe herrlichen Dünger gekauft!»

«Babberlababb – dieses künstliche Zeug. Es geht nichts über
währschaften Rossmist. Und wo dies doch besonders edle
Rassen sind – ist unsern Rosen auch zu gönnen!»

Grossmutter schlich dann bei den Ställen herum, spähte nach
Dampfendem und füllte ab. Mutter versteckte sich hinter
einem Baum.

Unglücklicherweise kam eben Nelly Blickensdorfer – Mutters
Bridge-Partnerin: «Ach, es war herrlich – und diese Eleganz.
Und es ist schon ein ganz gewisses Publikum...»

Grossmutter schwankte an. Ihre Plastiktasche war bis zum
Rand voll: «... es hätte noch mehr. Könntest Du mir nicht
Deinen Hut leihen, Lotti?»

Nelly Blickensdorfer starrte auf den Sack. Dann auf Mutter,
die erbleichte. Dann auf Grossmutter, die strahlte: «Ist noch
nichts gägen Äpfelchen von Puszta-Pfärdchen...»

Damit war das Rennen gelaufen.

Schmuggeln

Es muss vererblich sein: immer wenn wir in Richtung Zoll fuhren, bekam Mutter glühende Augen. Und feuchte Hände.
«Wieviel?», fragte der Zöllner.
Ihre Stimme versagte. Einer der seltenen Momente. Vater brummte: «Zwei Flaschen Wein, ein halbes Pfund Aufschnitt...»
«Gut – danke. Auf Wiedersehn.»
«... und noch ein Pfund Butter», meldete sich Mutter jetzt. Sie liebte den Nervenkitzel.
Vater ging mit dem Fuss heftig an ihre Waden, dann aufs Gas: «Lotti, jetzt habe ich aber endlich genug!»
Doch Mutter lag selig im Fond: «Neun Flaschen Rotwein, drei Cognacs und einen halben Ochsen», hauchte sie glücklich. «Damit schlage ich Louise Zirngibel endgültig.» Im Bridge-Club balgte man sich nämlich um den Schmuggel-Rekord.
Schon meine Grossmutter hat den Zöllnern einige Mühe bereitet. Immer um Weihnachten musste sie unser Alphonse ins Elsass fahren. Wenn der uralte Buick zurückkam, thronte Grossmutter selig auf drei Gänsen und vier Seiten Speck. Ihr weiter Paletot überdeckte alles. Aber sie sass derart hoch, dass ihr Kopf ständig an die Autodecke schlug. Der riesige Hut dämpfte den Aufschlag allerdings, denn der Hut war mit zwei Ballen Butter gefüttert...
Einmal allerdings ging sie als junges Mädchen mit langem Samtmantel zu Fuss über die Grenze. Über den Rücken hatte sie sich zwei Speck-Seiten gebunden – und natürlich drückten die Formen durch den dünnen Samt. Jedenfalls habe der Zöllner zur Grossmutter geflüstert: «Aber Aenneli, müssen's denn immer gleich zwei sein...»
Mutter hat den Schmuggel-Tick also geerbt.
«Schliesslich hat uns der liebe Gott zwei Grenzen vor der Haustüre aufgestellt. Da soll man die Gelegenheit nutzen...»
«Vielleicht war's auch der Teufel und die Versuchung...», grinste Grossmutter. Trotz Vaters Protestrufen stiegen sie wieder in den Wagen. Mutter kurbelte das Fenster runter: «Hans, rege dich nicht auf. Andere Frauen schnupfen Kokain...»

Nun ist mein Vater ein Ehrenmann. Zumindest bestimmt was den Zoll betrifft. Da will er sich nichts zuschulden kommen lassen: «... und wenn du einmal erwischt wirst..., diese Schande!»

Er vertraute sich einem Gewerkschafts-Genossen an. Der Genosse war Zöllner. Und wusste Rat: «Wenn deine Frau das nächste Mal wieder losfährt, gibst du mir einen Tip. Wir schnappen sie. Glaube mir, das ist die beste Abreibung, die tut's nie wieder...»

Also erkundigte sich Vater scheinheilig, wann es wieder soweit wäre. Und er käme auch mit, weil er in Frankreich noch etwas zu erledigen hätte.

So fuhr die Familie los, Mutter und Grossmutter im geräumigen Volvo. Vater im kleinen Mini hinterher.

Es wurde zünftig eingekauft. Die beiden Frauen waren nicht zu bremsen. Vater muss sie indirekt animiert haben.

«Bevor wir losfahren, brauche ich noch einen Cognac in dieser Beiz», erklärte Vater scheinheilig. Und ging zum Telefon.

Als er wieder herauskam, war der Volvo bereits in Richtung Zoll verschwunden.

Vater rieb sich die Hände, wunderte sich aber sehr, als er am Zoll von seinem Kollegen begrüsst wurde: «Wir haben den Wagen von oben bis unten untersucht, es war ein Reinfall. Rein gar nichts. Nur ein halbes Pfund Ragoût. Die müssen ein ganz gerissenes Versteck haben... Zu Hause wurde er von beiden Frauen sehnsüchtig erwartet: «Wo bist du denn so lange gewesen...?», rief Mutter.

Vater schaute sie streng an: «Lotti, wo sind die sieben Kilo Fleisch, die acht Cognacs und die zwölf Flaschen Wein? Wie habt Ihr das über den Zoll gebracht?»

Mutter lächelte: «Aber Hans – wir? Nein, mein Lieber, Du hast die Ware herübergeschmuggelt. Und mit Erfolg, wie ich sehe...?»

Sie öffnete den Kofferraum des Minis. Da lag alles.

Und so ist Vater in die Schmuggel-Rekord-Annalen des Bridge-Clubs eingegangen.

Bündeli

Wir hatten Lotter-Sachen, das waren uralte Kleider, verlöchert, mit sogenannten «blöden Stellen». Mutter verwertete die Kleider zu Putzlumpen. Aber wenn es uns überkam, zogen wir sie heimlich an, sassen auf die Mittlere Brücke, zogen die Backen ein und bettelten die Leute an: «Wir sind arme, kleine Kinder – die Mutter trinkt. Der Vater ist noch im Bau. Wir haben so schrecklich Hunger...»
Die Leute blieben entsetzt stehen.
«Habt ihr denn kein Zuhause, könnt ihr nicht in die Wohnung?»
Rosie lispelte leise: «Nein. Unsere Mutter hat den Schlüssel. Wir sind zu arm, als dass wir zwei haben könnten. Und jetzt vertrinkt sie sicher wieder das Geld im Schluuch. Oder im Schwalbennest...» «...sie treibt's da nämlich mit dem Buffet-Burschen», trumpfte ich auf. Und beide im Chor: «Wir haben sooooo Hunger...»
Und eben wie die nette Frau zum Portemonnaie greifen wollte, ratterte das Sechsertram über die Brücke. Unglücklicherweise war Vater der Führer. Stolz hockte er im Cockpit (so nannte er den Führerstand, er wäre zu gerne Pilot gewesen), wollte eben im Höllenschuss über die Brücke jagen, als er die Bescherung sah. Zur Verblüffung aller Passagiere hielt er den Tramwagen vor dem Käppelijoch. Die Leute sahen, wie ein Tramführer auf die Kleinen losging, ihnen links und rechts eine schallende Ohrfeige versetzte – worauf das Publikum auch schon prompt auf den Tramführer losging.
«Ich bin der Vater...», brüllte er.
«Stimmt nicht», eiferte sich die nette Dame, «der ist nämlich im Bau...»
Unglücklicherweise sah eine kleine Bridge-Runde, die bei Spillmann am Fenster hockte und den Nachmittag bei einem Glas Tee verbrachte, den Menschenauflauf auf der Brücke. Und die Tramwagen, die nun bereits bis zur Schifflände Schlange standen.
«Da ist sicher jemand gesprungen... es ist wieder so depressive Gewitterstimmung...», orakelte Nelly Blickensdorfer.

Die Damen legten die Karten hin. Und wollten nahe beim Geschehen sein. Sie wackelten auf uns zu, Mutter wurde bleich. Sie sah eben, wie Vater die Trämlermütze vom Kopf gezerrt wurde:

«So ein Wüstling... hat die Kinder geschlagen... dabei kommt er direkt aus dem Bau...», ereiferte sich die nette Dame.

«Lassen Sie meinen Mann in Ruhe!», brüllte Mutter. Jetzt aber sah die Frau nicht nur tramgrün. Jetzt sah sie zündrot: «Sie haben's nötig. Das Geld vertrinken und mit dem Buffetburschen vom Schwalbennest – Sie wissen schon... schauen Sie sich einmal die Kinder an, wie die herumlaufen...»

Die Trämlein bimmelten. Die Autos hupten. Die Leute schrien und Rosie seufzte: «... wo uns die nette Dame eben 50 Centimes schenken wollte.»

Zu Hause hatten sie endgültig genug. Wir kamen sofort ins Bett. Ohne Essen. Und wir hörten, wie sie in der Stube berieten: «Sie müssen in ein Internat...», regte sich Vater auf.

«Was das nur kostet!», winkte Mutter ab, «nein, wir müssen ihnen einen psychologischen Schreck einjagen.»

Mutter trieb's nämlich nicht mit dem Buffetburschen vom Schwalbennest. Nein, sie trieb's mit Psychologie. Und ich war schon damals der Ansicht, sie hätte vom andern mehr gehabt.

«... wir packen ihnen das Bündeli. Und setzen sie vor die Türe. Das wird sie ‹mores› lehren...»

Das war also Mutters Psychologie im Multi-Pack.

«Lotti, ist das nicht zu hart?» – Vater war stets weich wie Butter.

«Ach was – sie werden reumütig Besserung versprechen!», soweit Mutter. Leider war sie nicht mit der Psychologie von Rosie vertraut. Als wir nämlich am andern Tag beide unser Bündeli gepackt bekamen, grinsten wir nur.

«Euch wird das Lachen schon noch vergehen...», regte sich Mutter auf. Aber da waren wir auch schon gegangen. Mit Sack und Pack. Und «Wir sind jung, die Welt steht offen» auf den Lippen.

Wir zogen mit den Bündelchen direkt wieder auf die Mittlere Brücke. Dort drapierten wir uns malerisch ums Käppelijoch.

«... sie haben uns zu Hause fortgeschickt. Das Geld reicht nicht mehr... wir haben soooo Hunger», heulte Rosie.

«... Mutter ist Waschfrau und hat Arthritis in den Knochen»,
stimmte ich ein.

Der Zulauf war enorm. Fast wie am Vortage. Auch die nette
Frau war wieder da.

«Ich habe die Kinder schon gestern vor den Eltern schützen
müssen...», erklärte sie den Umstehenden. Und steckte Rosie
demonstrativ einen Fünfliber zu. Uns wurde schlecht vor
Glück, besonders als alle die Portemonnaies zückten.

Die Seligkeit dauerte etwa acht Minuten. Dann kamen sie wieder. Vater in Zivil. Leider. Uniformen wirken viel aggressiver.

«Seid ihr denn völlig verrückt geworden...», schrie er.

«Haben Sie diese Kinder vor die Haustüre gestellt. Mit diesem
Bündeli, ja oder nein», erkundigte sich die Fünfliber-Dame
energisch.

«Das war doch nur... ähhh Lotti... erklär doch mal... das
war etwas Psychologisches...»

«Ja oder nein?!», brüllte die Dame.

Mutter schwieg. Vater schwieg. Rosie hielt den Moment angepasst, mit einem leisen Röcheln das Feuer anzuheizen.

«Ich rufe die Polizei!», erklärte die liebe Frau. Sie sah sehr
entschlossen aus.

Auf dem Posten sassen leider Vaters Parteifreunde. Sie lachten, als sie die Geschichte hörten. Und sie waren sehr nett, sie
beschenkten uns mit Kaugummi. Und Schoggi-Branchli.

«Wartet nur, bis wir zu Hause sind», zischte Mutter.

«Ich verlange Polizei-Schutz», zischte Rosie zurück.

Dann packten wir wieder das Bündeli. Und mussten schon
wieder ohne Essen ins Bett. In der Stube hörten wir Vater grinsen: «Du mit deiner Psychologie: Bündeli-packen! Ha.»

Mutter blieb Dame: «Von meiner Seite haben sie das
nicht...»

Dintelümpli

Dintelümpli sind eine Rarität geworden. Man schreibt nicht mehr mit «Fäädereschüüfeli» und «Fääderehalter». Heute legt der Osterhase den «Primmeli-Schülern» «absolut klecks-sichere» Füllfederhalter (mit der aerodynamischen Schnell-schreibe-Linie) ins Nest – uns hat die Schulverwaltung noch mit strenger Miene einen Federhalter (braun, unschön, plump) sowie zwei «Fäädereschüüfeli» (Schulalltagsgrau – eines spitz, das andere breiter) verteilt: «Passt auf – die müssen euch bis ans Ende des Lebens halten!»
Meine Mutter hat heute noch ihre Schul-Feder. Sie ist sehr stolz darauf. Sie zeigt sie immer wieder im «Kränzchen» her-um und vergisst nicht zu erwähnen, dass ihre Schrift «gesto-chen» gewesen sei. Heute schreibt sie – gottlob! – auch mit Ku-gelschreiber. («Aber es ist nicht dasselbe...») Bei Beileidskar-ten, Glückwünschen und dem Haushaltungs-Buch wird heute noch in Tinte getaucht – auf Muttertag wünscht sie sich einen Mikrowellen-Grill. Solche Schizophrenien gibt's.
Jede Schulbank hatte also ein Tintenfässlein. Es lag vertieft in der Bank – darüber wurde ein Eisen-Deckel gezogen. Abwart Lörer kam dann mit riesigen Glas-Flaschen, pumpte mittels eines dünnen Schläuchleins die schwarze Flüssigkeit hinein – und ich habe dabei immer an den grossen Nikolaus im «Stru-belpeter» denken müssen, der die bösen Buben ins Tintenfass gesteckt hat, so dass sie rabenschwarz weiterleben mussten.
Wir hatten also zwei «Fäädereschüüfeli», einen Holzfederhal-ter und eben: das Tintenlümplein: Die Mädchen mussten es in der Handarbeit für uns Buben herstellen. Verschiedene Stoff-resten wurden in Rundummeli geschnitten – die Läppchen musste man mit einem Knopf in der Mitte zusammennähen: schon war das «Dintelümpli» fertig.
Selbstverständlich mussten wir bei Lehrer Ruppli jeden Mor-gen den Federhalter und die geputzten «Schüüfeli» sowie das «Dintelümpli» vorweisen. Wer das Putzen vergessen hatte, musste nach Hause gehen und die Stunde nachholen.
Dann erhielten wir Linien-Blätter, die es zu «randieren» galt – fein säuberlich. Abstand: einen halben Zentimeter vom Blatt-

rand. Schliesslich durfte die Feder eingetaucht werden – die mühsame Kritzlerei konnte beginnen: SUSI ISS MUS MAMA SUMSUM...

Das Schlimmste (und schlaflose Nächte): im Schönschreibeheft ein Tintenklecks! Ich weiss nicht, wie Rosie es machte, dass bei ihr die Feder nie spritzte. Bei mir kleckste sie nach links und nach rechts. Ich zeichnete nichts als Veilchen (noch heute die einzige Möglichkeit, einen Tintenklecks zu cachieren).

Auch hatte mein «Dintelümpli» nicht diese lustigen, kleinen dunklen Farbtupfer wie die andern «Dintelümpli». Es war unansehnlich voll getintet – und Lehrer Ruppli prophezeite meinem Vater schon damals: «Buchhalter wird er nie!»

Immerhin spritzte meine Phantasie mit dem «Fäädereschüüfeli» um die Wette. So erinnere ich mich noch sehr gut an unsere dritte Schönschreibstunde, als ich mich bei Dorli Muff zum ersten Mal beliebt machte: ich warf ihr ein «Tiki-Brauselimonade-Tablettchen» ins Tintenfass. Zuerst passierte nichts. Als Dora Muff jedoch das eiserne Deckelchen wegschob, begann es dort zu brodeln. Dunkle Tintenblasen stiegen geheimnisvoll aus dem Fässchen, flossen über die Pultplatte, hinterliessen Spuren und animierten Dorli zu wundervollen Entsetzens-Schreien.

Ich wurde daraufhin vor die Türe gestellt. Überdies hatte ich 100mal «Ich darf keine Brauselimonade in Dorli Muffs Tintenfass schmeissen» zu schreiben. Schönschrift. Mit Tinte.

Stierenauge

«Stier» – das war bei uns ein alltäglicher Ausdruck wie «Scheiss-Kapitalisten» (Vater-Seite). Oder «ihr roten Rüben!» (Mutter-Seite).

Bettelte ich bei Mutter für ein bisschen Schleck-Geld, winkte sie ab: «Geh zu Vater – ich bin stier. Wir haben bald Ende Monat.»

Dann ging sie mit Frau Aenishänsli zum Bridge bei Spillmann. Dort sassen die beiden einen Nachmittag lang bei einer Portion Tee und bestellten sich nach zwei klatschfröhlichen Stunden bei Fräulein Marianne nochmals heisses Wasser nach. Damit netzten sie das ausgetrocknete Tee-Beutelchen wieder. Mutter Spillmann sprach dann von «stierer» Kundschaft. Aber weil sie mit Mutter zusammen im «Geschäftsfrauen-Verein» sass, konnte sie nur süss-sauer lächeln.

Das «Stierige» wurde kurz vor dem Zahltag auch auf unseren Menu-Plan aufgenommen. Die «Stierenaugen-Saison» brach an – Vater drei, Mutter zwei, Rosie und ich je eines. Dazu Leberwurst-Schnitten.

Wir maulten: «Immer diese Spiegeleier – wir können sie schon gar nicht mehr sehen . . .»

Mutter schaute uns dann mit «Stierenaugen» an: «Ihr hättet den Krieg mitmachen müssen! – Ein Ei pro Monat hat's da gegeben. Da war so ein Ei Kostbarkeit. Hans – erinnerst du dich noch an unser Eierbrot?»

Vater zuckte zusammen, was ein Zeichen war, dass er sich deutlich erinnerte. Und Mutter war nicht mehr zu bremsen. Sie zerging in der Erinnerung wie der geplatzte Dotter im Ei: «Eipulver haben sie uns damals gegeben – ein trockenes, undefinierbares Mischmasch. Man musste ihn mit Wasser aufrüren. Und damit habe ich eurem Vater Eierbrot gemacht. Und jeden Samstag einen Gugelhopf – und das war dann die Wüste Sahara. Und ihr tut so frech, wo ihr so ein schönes, frisches Spiegelei auf dem Teller habt . . .!»

Meistens erzählte sie uns dann noch die Geschichte, wie Vater auf einem Bauernhof im Militärdienst «schwarze» Eier aufgetrieben hatte: «60 Stück – Ihr müsst euch das vorstellen in jener Zeit. Aber eben: Das kann man sich heute gar nicht mehr vorstellen. Mit dem Velo hat er sie aus dem Jura hierher gefahren– in einer Kiste. Und als er mit den Eiern und der freudigen Überraschung nicht mehr warten konnte und ins Haus stürmte, da ist er gestolpert – und die schönen Eier: 24 waren noch ganz. Und den Rest habe ich vom Boden gekratzt – gottlob ist's ja immer sauber bei mir. Und die ganzen haben wir dann in Gläser eingemacht. Und das war wie Weihnachten trotz dem Eierdätsch...»

«Nicht wie Ostern?» wagte Rosie zu unterbrechen.

Sie erntete vernichtende Blicke – von Vaters Seite. Und von Mutters Seite. Die Eier-Erinnerung vereinte die beiden.

Unsere Grossmutter betrieb ihre eigene Stierenaugen-Politik. Erstens kaufte sie die Eier nur bei der Eierfrau: «Garantiert frisch – schaut, da ist noch der Dreck vom Hühnerstall dran...» (Dass die Eierfrau die Eier bei Lüchinger en gros gekauft hatte und sie einfach ein bisschen mit Dreck bestrichen hatte, kam erst viel später aus.) – Zweitens: «Diese neuartigen Pfannen mit dem Belag, der keine Butter braucht, ist unmöglich. Für ein gutes ‹Stierenaug› braucht's einen Gusseisen-Boden – der gehört dazu, wie das Gelbe zum Ei. Und überdies Butter, die man braun erhitzt. Nur so werfen die Eier dann auch Wölklein und Blasen. Und nur so gibt's einen knusprigen Boden.»

Tatsächlich hat niemand so gute Eier gekocht wie Grossmutter. Als ich im Schüleraustausch nach England fuhr und das Blaue vom englischen Frühstückseigelb vorgeschwärmt bekam, war die Enttäuschung gross: Meine «Missis» kleckerte das Ei in ein rundes Förmchen. Das Förmchen schwamm im Öl. Das «Rundumeli» mit dem Dotter schmeckte nach einem undefinierbaren Ölpflutter – ich sehnte mich nach Grossmutters knusprigem Gusseisen-Stierenaug.

Woher der Basler Name «Stierenaug» kommt, habe ich nicht herausbekommen. Vielleicht, weil die Eier tatsächlich wie glotzende Augen aussehen. Vielleicht auch zur Erinnerung an die Zeit, als das Budget am Ende des Monats «stier» war. Und die Spiegeleier vom Teller blinzelten...

Kinder-Ballett

Das Basler Buschi-Spital ist stolz darauf: es kleidet die Buben in rosa. Und die Mädchen in himmelblau.

So kam ich rosa auf die Welt. Das prägte. Meine Schwester Rosie trug himmelblau. Auch sie war geprägt. Zum zehnten Geburtstag erhielt sie Spitzenschuhe. Aus Satin. Ich einen Fussball. Aus Leder.

Rosie schaute mich traurig an. Ich schaute Rosie traurig an. Dann tauschten wir. Rosie hat es im Landhockey immerhin zum National-Stürmer gebracht. Mein Sturm hörte im Theater während des «Rattentanzes» auf. So spielt das Leben.

Natürlich war die ganze Familie dagegen – mein Ballettspleen einigte für kurze Momente gar Vater und Mutter in ihren Ansichten: ob politisch rot (Vater) oder blau (Mutter) – ein Mann im Ballett galt als rosa. Und obwohl man mich, kaum geboren, so eingekleidet hatte (siehe oben), war rosa obszön: «... und – umshimmelswillen! – nicht in unserer Familie!»

Immerhin habe ich den Dickschädel von Vater geerbt. Und das Theatralische von Mutter. So stolzierte ich eines Tages zum Hintereingang des alten Stadttheaters, stieg unzählige Treppen bis zum Himmel empor und hörte Piano-Takte, Händeklatschen und eine schrille Stimme: «un ... deux ... trois ... Pliés!»

An den Stangen hingen kleine Mädchen wie Batterie-Hennen, gingen langsam in die Knie und streckten ihre Allerwertesten, als wollten sie gerade ein Ei legen.

Als mich die «Maestra» erblickte, liess sie die Hühnlein weiter pliieren und kam im Entengang auf mich zu stolziert: «Was soll's denn sein – Fremder?»

Ich erklärte ihr meinen sehnlichsten Wunsch, demnächst im Schwanensee das kleine Schwänchen zu tanzen, da hatte sie auch schon meine Füsse in den Händen: «Junger Mann haben Plattfüsse ...»

Sie sagte mir nichts Neues. Dank meiner sehr flachen Fusssohlen war ich ja auch vom Turnen dispensiert – Plattfüsse hatten auch ihre angenehmen Seiten. Hier waren sie höchst unangenehm: «Mit Plattfissen nix kleines Schwänchen ...»

Immerhin – da Männer im Ballett sowieso Mangelware waren und Madame Parnitzky eine russische Seele hatte, nahm sie mich in ihre Eleven-Klasse des Kinderballetts auf. Zu meinem Kummer musste ich die Spitzenschuhe gegen ein paar höchst uncharmante Männerschlappen eintauschen – «Männer nie sein Spitze», erklärte die Parnitzky «nur Nijnsky war Spitze. Aber nicht Plattfisse gehabt...»

Das Glück wollte es, dass ein halbes Jahr – nachdem ich drei Mal in der Woche an der Stange gehangen hatte und bald auch schon Eier legte – Madame Parnitzky mit funkelnden Augen in die Klasse kam: «Kinderchen – och wie scheen. Orli macht Dornreeschen. Ich sein beeses Fee. Und ihr meines kleinen Mäuschen...»

Ich wäre lieber ein Schwänchen als eine Ratte gewesen – aber immerhin: Bühnenluft! Das war mein Leben.

Zu Hause hatten sie sich mittlerweile mit meiner Tanzerei ausgesöhnt. Und da unsere Gage sowieso nur in Premieren-Tikket-Form ausbezahlt wurde, sass die ganze Familie in der Proszeniums-Loge – auch Mutters Freundinnen waren gekommen. Sie sassen im Parkett. Und Mutter winkte huldvoll aus der Loge, sie hatte allen erzählt ich würde den Prinzen tanzen.

Wir waren schrecklich aufgeregte Ratten. Man hatte uns graue Strumpfhosen übergezogen – so standen wir zitternd im Seitengang und warteten darauf, dass der Model der Parnitzky das Zeichen gab.

Da – eins! zwei! drei! Pauken und Donnern. Die Parnitzky hüpfte auf die Bühne – wir kleinen Ratten hinterher. Aber unglücklicherweise hatten sie uns Schwänze ans Kostüm genäht. Ich verfing mich in Kabeln – eins! zwei! Hoppla! – schon donnerte ich auf den Boden. Die andern Ratten donnerten mit. Scheinwerfer zischten und warfen Funken – dann war alles plötzlich dunkel. Nur im Zuschauerraum wurde es hell.

Nach meinem Kurzschluss hat Mutter kurzentschlossen nochmals aus dem Proszenium gewinkt. Und sich verabschiedet.

Am andern Tag erhielt ich von der Theater-Leitung einen Brief: Der Vorhang sei für mich für immer gefallen. Ich hätte Plattfüsse...

So ist am Theater-Himmel ein Stern erloschen – das hat die Welt davon!

Grossi Wesch

Wenn der Wetterfrosch Sturm meldete und in der Ferne bereits die Donner grollten, hatten wir Wäsche. Das war Tradition.

Mutter wurde trübsinnig, biss die Lippen schmal und schimpfte leise vor sich hin: «Typisch – bei der Gygax war's natürlich schön. Aber immer wenn ich Wäsche habe, schifft's ...»

Sie sagte «schifft's». Auch wenn sie im Zeitalter der Waschmaschine und des Trockentumblers nichts mehr davon wissen will. Zur Wäschezeit vergass Mutter nämlich ihre Kinderstube – besonders wenn's – wie gesagt – schiffte.

Vor dem Wäschetag war grosse Aufregung. Die schmutzigen Hemden, Socken, Hosen, Bett-Tücher wurden sortiert – das Farbige zum Farbigen, die «scheeni Wesch» zum Weissen.

Zwirbel, unsere Dackelmischung, fötzte dann plötzlich mit Grossmutters Intimsten durch die Stube. Vater brüllte vor Lachen. Mutter schrie uns zu: «Schliesst die Augen.» Und Grossmutter schimpfte hinter dem Hund her, der mit dem Korsett schliesslich entwischte und es auf dem Oekolampad im Sandkasten vergrub.

Frühmorgens musste Vater den Waschkessel einheizen – meistens schon gegen vier Uhr. Um halb sechs kamen die beiden Waschfrauen. Sie hiessen Aenishänsli, waren ledige Schwestern und brachten gut zwei Zentner Lebendgewicht auf die Waage.

Mutter war stets stumme Ehrfurcht. Sie bot die Schwestern Aenishänsli im ganzen Bridge-Kreis herum: «Keine andere könnte die nassen Leintücher so aus dem Wasser stemmen wie die Aenishänsli», flüsterte sie. «Jede vertilgt allerdings mindestens sechs Stück Waije. Und zum Znüni müssen sie ihren Schnaps haben – da sind sie eigen ...»

Selbstverständlich gab's einen eigenen «Weschere-Schnaps», ein scheusslich billiges Gebräu, hochprozentig, mit dem man uns beim Blauen Husten die Brust einrieb. Den Schwestern Aenishänsli allerdings schmeckte das Feuerwasser auch ohne Husten. Und nachdem jede ihre zwei Gläslein gekippt hatte, flogen die Fetzen.

Wir Kinder haben den Wäschetag unbeschreiblich genossen. Da herrschte das grosse Chaos.

«Kommt nicht in die Waschküche – ihr könntet euch verbrühen», schrie Mutter, wenn wir unsere Nasen ans vernebelte Fenster drückten, um zwischen all dem Dampf und buntem Hin und Her etwas von der grossen Wäsche mitzubekommen. «Helft beim Seil aufmachen ...»

Im Hof rollte Anna Aenishänsli den dicken Strick von der grossen Spule, zog ihn von einem Haken zum andern und sang dabei Lieder von gar liederlichen Frauenzimmern vor, bis Mutter erschien, ein paar Sekunden zuhörte und dann zusammenzuckte: «Fräulein Aenishänsli – ich bitte Sie: das sind doch noch Kinder.»

Wir liessen Mutter die Illusion.

Wollte es der Zufall, dass für einmal an einem Wäschetag die Sonne schien, wurden die Leintücher nicht auf den Estrich sondern in den Hof gehängt. Vorher waren sie mit «Bläui», einem blauen Saft, zum letzten Mal gespült worden – «Bläui» war wohl der Reinweicher der damaligen Zeit. Und je blauer die Wäsche wurde, desto blauer waren die Geschwister Aenishänsli, die beim Schnaps nicht mehr aufhören wollten.

Es kam der Tag, wo Mutters Freundin, Nelly Blickensdorfer, die Bridge-Runde mit der Nachricht sprengte: «Wir haben jetzt eine Waschmaschine.»

Daraufhin kam Mutter nach Hause: «Hans – die Blickensdorfers haben eine Waschmaschine.»

Damit hatten wir auch eine.

Die Schwestern Aenishänsli kamen nicht mehr ins Haus, Ausgedampft. Und der Schnaps diente nur noch zum Einreiben.

Es war nie mehr dasselbe.

Härdepfelstogg

Kartoffeln heissen in Basel Härdepfel. Und heisse Kartoffeln heissen heissi Härdepfel.

Heute sagt mir jeder Arzt: «Lassen Sie die Kartoffeln weg – Kartoffeln machen dick.»

Früher sagte mir jede Tante: «Iss sofort die Kartoffeln auf – Kartoffeln machen stark.»

So bin ich im Härdepfel-Dilemma gross geworden.

Kartoffeln kamen bei uns in verschiedenen Formen auf den Tisch. Meistens als «Salz-Härdepfel», weil das am schnellsten ging. Aber auch als «Soosse-Härdepfel». Oder als «suuri Härdepfel». Die Kartoffeln waren dann nicht als einzige sauer – wir auch: Wir mochten Kartoffeln nämlich nur in Stock-Form. Oder als Pommes frites.

Härdepfelstogg – das war ein Sonntagsessen. Meistens gab's Braten dazu. Mit brauner Sauce.

Der Kartoffelstock wurde als Berg geformt. Auf der Spitze blühte ein Strauss Peterli – irgendwie hatte das Ganze stets etwas Festliches.

Onkel Alphonse hat uns dann die Sache mit dem Seelein gelehrt.

Mutter bekam Zustände: «Hans – sprich ein Machtwort. Dein Bruder ist einfach unmöglich. Da versuche ich diesen Kindern einigermassen anständige Sitten beizubringen, und der wirft alles über den Kartoffelstock – also bitte!»

Die Sache mit dem Seelein war höchst romantisch. Wir bekamen zwei Löffel Kartoffelstock geschöpft. Mit einem Suppenlöffel drückten wir in der Mitte ein Seelein aus und füllten es mit Sauce auf. Vermatschte man schliesslich den Stock mit dem Seelein, war's ein Göttergericht.

Mutter war der Sturm im See – doch Onkel Alphonse nahm ihr allen Wind aus den Segeln: «Hör doch auf, Lotti – erstens ist dein Stock nur so geniessbar, wenn du schon nie Butter darunter rührst. Und zweitens ist die Sache mit dem See höchst nobel.»

Unsere Grossmutter kam nun eines Tages auf die gelungene Idee, ihre Tochter (Mutter) und Enkel (Rosie und mich) an

den Genfersee einzuladen. Sie verbrachte den Frühling stets dort. In einem uralten Kasten. Es verkehrten nur Prinzen und Grafen dort. Vielleicht dann und wann noch ein Oberst in Pension. Meine Grossmutter war die einzige Meyer. Aber weil sie sich mit y schrieb, glaubte sie ans Besondere.

Als wir beim Hotel vorfuhren, wurden wir in die Arme und Mange genommen: «Also benehmt euch hier. Das ist ein vornehmer Ort.» – Grossmutter blitzte streng durch ihren Hutschleier: «Kaut keine Fingernägel ... vergesst alles, was Onkel Alphonse euch beigebracht hat ... und bohrt nicht in der Nase.»

Es versprachen höchst langweilige Ferientage zu werden. Grossmutter nickte huldvoll nach links – ihr Schleierchen zitterte vornehm: «Buona sera», säuselte sie – dann leise durch die Nase zu Mutter: «Das ist die Comtessa di Ravioli, oder so ..., italienischer Hochadel ..., blaues Blut und eine Garderobe, sage ich dir, Lotti – also das Nelly Blickensdorfer ist ein Dreck dagegen!»

Für das Nachtessen wurden wir geschrubbt und herausgeputzt – «ihr redet nur, wenn ihr gefragt werdet», wurde uns eingekämmt. Schon sassen wir am Damast und warfen die ersten Gläser um. Grossmutter zuckte zusammen – Mutter schwitzte, und da kam auch ein älterer Mann mit Riesenschnurrbart an den Tisch: «Jestatten – Karl-Heinz von Zacke. Gnä' Frau ...»

Er holte sich Mutters Patschhand, führte diese an den dicken Schnauz, und diesmal warf Mutter die Gläser.

Natürlich bat Grossmuter den adligen Herrn an unsern Tisch. Er erzählte vom Krieg und schoss konstant auf Mutters leicht gewagten Ausschnitt.

Schliesslich wurde das Essen aufgetragen – Braten, Huhn, Kartoffelstock und grüne Erbsen. Beim Anblick des Kartoffelstocks wurde Mutter bleich. Und Grossmutter rot. Sie schauten uns synchron beschwörend an.

Der Herr von Zacke nahm sich eine zackige Portion: «Jeht nichts über guten Kartoffelbrei - was, gnä' Frau?!» trompetete er zu Mutter. Deren Blicke waren noch immer auf uns gebannt: «Bitte wie, bitte was? – Ach so, Sie meinen Kartoffelstock ...», stotterte sie.

Da schöpfte sich der zackige Militarist auch schon zünftig Fleisch und Sauce.

«... und jetzt, gnä' Frau, darf ich Ihnen ein Geheimnis verraten.» Mit dem Suppenlöffel baggerte er im goldgelben Stock einen See aus, füllte ihn mit brauner Sauce und strahlte: «Det is das Tunken-Meer. Darin versenken wir nun die Erbsen...»
Das mit den Erbsen war neu. Herr von Zacke begann uns zu gefallen. Grossmutter schaute entgeistert auf das adlige Härdöpfelstock-Seeli.
Dann brummte sie zu Mutter: «Lotti – wir werden morgen Alphonse eine Karte schreiben müssen...»

Gloggezinsle

Kürzlich schellte es bei mir. Ich öffnete das Fenster: «Wär isch dusse?»
Und sah gerade noch drei paar Kinderbeine, die um eine Ecke zäpften: Gloggezinsler!
Das «Gloggezinsle» gehörte zu unsern liebsten Kinderspielen.
Rosie war meistens die Anstifterin. «Dort hat's zehn Knöpfe – Achtung, fertig, los!» Sie drückte. Und verdrückte sich.
Leider war ich schon als Kind eher schwerfällig. So bekam meistens ich die Schimpfereien ab: «Saubuebe! Wartet nur, bis ich euch erwische – ich brate die ganze Bande in heissem Öl...»
Ich schätzte das Gloggezinsle nicht besonders – erstens weils mit einer ständigen Rennerei verbunden war (ich neigte schon damals zum Bequemen). Und zweitens sah ich mich plastisch im heissen Öl kochen – ein unerfreulicher Gedanke. Doch Rosie und Dora Muff waren nicht zu bremsen. Dabei hiess es dann im Konsum prompt: «Die Saububen haben wieder ‹gloggezinslet›». Es hiess nie «Saumaitli». Damals spürte ich zum ersten Mal, dass es an der Zeit wäre, dass sich die Männer auch emanzipierten...
Natürlich «zinselten» wir nicht in der eigenen Strasse. Das wäre zu gefährlich gewesen. Und Frau Gygax war ständig auf der Lauer. Nein, wir beglückten die Leute, die etwas weiter – etwa beim Oekolampad – wohnten.
Da war beispielshalber Fräulein Rüdisüli. Fräulein Rüdisüli war unsere Bibellehrerin. Sie war ein sanftes Wesen mit dem Stimmlein eines Weihnachtsglöckchens. Sie predigte nur Liebes, und Gutes und Schönes. Und Rosie verdrehte bei jeder Predigt die Augen. Und Dora Muff verdrehte die Augen. Und auch mir wurde es schlecht ob so viel Süssem.
«Der drücken wir einen...», schlug Dora Muff vor. Sie hatte in der letzten Bibelstunde zwei Strafseiten gefasst. Wegen Schwatzhaftigkeit (Dora Muffs Stimme war nicht die eines Weihnachtsglöckchens... vielmehr der reinste Campanile).
Rosie war einverstanden. Ich hatte Bedenken: «Sie ist immer so lieb. Und so sanft – das arme Fräulein!»

«Du Höösi! Du Scheisser! Du Saftsack!» – das waren die Emanzipierten.

Ich drückte also. Denn die wahre Emanzipation besteht darin, die Vorteile zu geniessen. Und den Mist die andern machen zu lassen.

Ich drückte wieder. Aber da öffnete sich kein Fenster... kein «wär isch dusse...» das Haus rund um Fräulein Rüdisüli blieb stumm.

Jetzt wurden wir mutiger. Ich schellte im SOS-Rhythmus... ging gar nicht mehr ab der Schelle... sah nur noch, wie Rosie und Dora davonfötzten. Und dann kam sie: Emma Rüdisüli, ihres Zeichens lammfromme Bibellehrerin und eben in diesem Moment nicht mehr so lammfromm.

«Du verdammter Bengel...», schrie sie. Und packte mich beim Handgelenk. «Jetzt habe ich dich endlich... jetzt hört diese... (sie benutzte ein sehr unbiblisches Wort) Glockenzinslerei auf... warte nur Bürschchen...»

Sie nahm mich in ihre Wohnung. Drei Stunden lang hatte ich den Satz «Ich darf nicht bei armen Fräulein an der Glocke schellen...» abzuschreiben. 100mal. Dann sangen wir gemeinsam «die goldne Sonne». Und ich durfte gehen.

Zu Hause erwarteten mich Dora Muff und Rosie voll Spannung:

«Was hat sie gesagt?»

«Fräulein Rüdisüli hat geflucht wie ein Henker...», verkündete ich stolz.

In der nächsten Bibelstunde hielt das Fräulein die Predigt von den wüsten Wörtern, die man nicht in den Mund nehmen darf.

«... es sei denn, wenn einer einem an der Glocke schellt!», rief Dora Muff dazwischen.

Sie schrieb 100mal «Ich darf dem Fräulein nicht immer dazwischenreden...»

Schlämpe

Falls Sie ein zartbesaitetes Gemüt und Allergien gegen «Schlämpe» haben, sind diese Zeilen nichts für Sie. Blättern Sie weiter. Und schlämpen Sie wohl.

Unser kindliches Gemüt war nicht so zart besaitet. Wir liebten den Schlämpe, wenn er – o Seligkeit – in unsern Milchkaffee plumpste. Zärtlich fischten wir ihn mit dem Kaffeelöffeli heraus, legten ihn aufs Brot und streuten Zucker darüber – Schlämpen-Seligkeit.

Unser Milchmann hiess Schuhmacher. Am Anfang kam er noch mit «Erika», seinem Ross – später mit einem Elektromobil, auf dem die Milchkannen fröhlich schäpperten.

Wir liessen uns täglich zwei Liter ins «Kesseli» abfüllen – und Milchmann Schuhmacher sah auf den ersten Blick: «Das git schöni Schlämpe – do wird d'Mamme e Freud ha.»

Mutter mochte gar keine Schlämpen. Im Gegenteil. Als Kind hatte sie einmal an «Milchschorf» gelitten. Sie sprach mit Achtung von dieser Krankheit. Und seufzte dabei. Trotzdem verbot ihr der Hang zur Knausrigkeit das «Verschwenden» der Schlämpe. Sie verbot sie auf unsern «Anggeschnitte».

Frühmorgens schon kochte sie die zwei Liter Milch, brachte sie zum Aufwallen und stellte sie zum Abkühlen auf die Seite. Ganz langsam begann sich die Oberfläche zu kräuseln, setzte einen Pelz an – Mutter atmete tief durch, holte den Holzlöffel, schaute nicht hin und schöpfte den Schlämpe mit zittrigen Fingern sorgfältig ab. Er kam in ein blaues, altes Hääfeli – 's Schlämpehääfeli. Und noch lange galt bei uns der Ausdruck für irgend jemand, der nicht comme-il-faut angezogen an einer Einladung erschien: «Är gseht uss wie uss em Schlämpehääfeli . . .»

Wehe wenn wir uns hinters Schlämpehääfeli machten – «Hände weg!», brüllte Mutter. Nehmt einen Apfel und ein Stück Brot. Dann seufzte sie: «Wie kann man auch so etwas gut finden . . .» Aber am andern Tag schöpfte sie standhaft wieder ab – Sparsamkeit macht Helden.

Immer am Freitag wurde der «Wochen-Schlämpe» mit Zucker und Eiern verrührt. Und über die «Epfelwaije» geschüttet.

«'S git kai bessers Waijedaigli» – erklärte uns Mutter. Und Grossmutter giftelte: «Jawohl – und kein billigeres. Jetzt hast du wieder zwei Deziliter Rahm gespart!» Dann hatten sie «Lämpe». Und alles wegen dem «Schlämpe». Die Technik, die moderne UP-Kuh, die neue Milch haben uns den Schlämpe weggeblasen. Es gibt keine Schlämpehääfeli mehr. Und «Waijedaigli» werden mit Rahm angerührt.

Trotzdem – in Adelboden, wenn ich manchmal bei unserem Nachbarsbauer Oester frische Milch hole, wenn ich diese aufkoche und auf die Seite stelle – langsam beginnt sich die Oberfläche zu kräuseln. Ich stehe dann mit meinem Suppenlöffel bereit. In der andern Hand ein Stück Schwarzbrot. Und jetzt: Schlämpe, Zucker – und Seligkeit!
Bitte – ich habe sie gewarnt.

Zigoori

Unser Tag beginnt stets mit demselben Satz – dem Kaffeesatz. Ich bin kein Mensch, wenn ich die Nacht nicht mit einem Schluck Espresso hinunterspülen kann. Es ist vererbt. In unsern Adern fliesst Koffein. Im Krieg hat Grossmutter Eicheln geröstet – aber Kaffee musste her! Die Welt wäre sonst zusammengestürzt.

Nun gab's in meiner Jugendzeit ein Paketlein, das bei Grossmutter stets neben der Kaffeebüchse stand: blau-weiss-gelb – es strömte einen seltsamen Duft aus. Und Mutter bekam Gänsehaut, wenn sie's nur schon sah: «Wie kannst du nur – der Krieg ist vorbei! Wie darf man so sündigen, wenn die Läden voll von Kaffee sind – Zigoori! Ich bekomme Augenwasser, wenn ich nur daran denke...»

Grossmutter blieb dann Dame: «Das verstehst Du nicht, Lotti – dieses Pulver schenkt nicht nur Farbe. Es bringt auch ein eigenes Aroma. Aber mach' Du Deinen Kaffee auf Deine Art – werde selig! Ich braue ihn mit Zigoori. Und bin glücklich dabei. Amen.»

Mutters Sparsamkeitsfimmel war in der ganzen Familie berüchtigt. Beim Kaffee kannte sie jedoch nichts – der wurde pur aufgebrüht. Wehe, wenn Grossmutter da dreinpfuschte – Mutter sah sofort rot.

Es kam der «OeKK-Bazar», und die Kirchgemeinde Oekolampad wurde aufgerufen, Gutes zu tun.

Rosie und ich waren gerne bereit. Wir waren die liebsten Kinder des Quartiers, wenn die Leute auch Böses über uns redeten. Aber wir stellten uns sofort zur Verfügung – wir wollten einen Kaffeestand führen. Pro Tasse einen halben Franken. Mutter war so gerührt, dass sie drei Pakete Mokka offerierte. Sie offerierte auch den Kaffee-Rahm und den Zucker – nur: das wusste sie nicht.

Immerhin – weil es sich um den Kaffee für einen guten Zweck handelte, kam Mutter auf die sparsame Idee mit dem Zigoori: «Mixt ein Drittel von diesem Hexenpulver unter den richtigen Kaffee – so könnt ihr etwas ‹strecken›. Und die Leute werden's nicht merken...»

Wir kauften also im Kaffeegeschäft bei Herrn Roth Aroma. Mit dem roten Deck-Papierchen malten wir uns die Backen rosig an – doch als wir den Kaffee zubereiten wollten, hatte Rosie Skrupel: «Also wenn er dann nicht gut schmeckt, fällt es auf mich zurück. Du bist ja nur für den gestohlenen Kaffeerahm und Zucker verantwortlich. Aber sie werden überall sagen: Rosie kann nicht einmal Kaffee brauen – und dann hört es der Hugo Zirngibel und aus ist es mit der Heirat!»
Sie war untröstlich. Seit dem Kindergarten war sie Hugo Zirngibel versprochen – das machte sie eigen.
Wir kamen dann gemeinsam auf die grossartige Idee, den Zigoori doch noch zu verwenden. Mutter hatte stets einige Kaffee-Päckchen mit der Extra-Wienermischung für ihr Kränzchen im Vorrat. Diese leerten wir säuberlich zur Hälfte und füllten sie mit Zigoori auf – auf dem «OeKK» war man begeistert. Sogar Frau Zimmerli von der Religion trank drei Tassen und behauptete, noch nie so köstlichen Kaffe genossen zu haben. Nur Mutter zwinkerte uns verschwörerisch zu, nippte hoheitsvoll an einem Tässchen und flüsterte zu Rosie: «Nicht schlecht – aber man merkt schon den Unterschied. Dieser Zigoori hat einfach einen eigenen Goût...»
Wir hielten es für besser, das kleine Missverständnis stehen zu lassen.
Es kam der Tag, wo Mutters Freundinnen sich zu Kaffee und Kuchen trafen. Als Mutter zur Wiener-Mischung griff, zuckte Rosie zusammen. Dann stahlen wir uns aus dem Haus. Ich schaute Rosie unsicher an: «Wir haben damals für die Kirche gesammelt – der liebe Gott wird uns schon nicht im Stich lassen...»
Als wir abends wieder nach Hause kamen, hörten wir wie Mutter sich mit unserer Haushaltshilfe besprach: «Also der Kaffee heute, meine Liebe, der war einfach köstlich – so stark in der Farbe, so kräftig im Geschmack. Sie haben doch die Wiener Extra-Mischung bei Roth gekauft?...»

Waldfescht

Vater nannte ihn «das Arbeiter-Beefsteak». Und Grossmutter rümpfte die Nase: «Wie könnt Ihr so etwas essen? – Man weiss ja nie was drin ist...»

Dann erzählte sie die immer wiederkehrende Geschichte von dem Klöpfer, in dem ein ganzes Kuhauge gesteckt und der entsetzten Tischrunde zugeblinzelt habe. Grossmutter liebte solche Geschichten. Wir aber liebten die Klöpfer – auch wenn sie nicht so vornehm waren.

Mutter waren die Klöpfer auch nicht besonders geheuer. Aber sie hatten einen Vorteil: ihr Preis war so erstaunlich niedrig. So kamen sie bei uns in allen Varianten auf den Tisch: im Sommer als Wurstsalat, meistens mit harten Eiern (zum Strecken) und etwas rezentem Emmentaler darunter. Oder dann gebraten mit einem Spiegelei. Oft auch im heissen Wasser zur prallen Wurst gesotten (mit einer Senfsauce) – Rosie wiederum schwärmte für Klöpfer-Ragout unter Hörnli. Und Mutter komponierte uns manchmal diese Leckerei, allerdings nur, indem sie allen das hochheilige Versprechen abnahm, in ihrem Bridge-Kränzli nichts von den Klöpfern zu erwähnen.

Am liebsten mochten wir Kinder das «Waldfescht». Hatte Vater einmal an einem Sonntag keinen Fahrdienst, nahm er uns auf die «Blauen Reben» mit. Im Trämler-Restaurant bestellte er Waldfescht und Sirup für die Kinder – Waldfescht und ein Zweierli Rioja für sich selber.

«Müssen wir das Brot essen?» fragte Rosie. So sicher wie die Geschichte mit dem Kuhauge im Klöpfer kam nun die Geschichte vom Krieg, als es nur ganz wenig Brot gab und man für «so ein feines Stück Brot» Kilometer gelaufen wäre...

«Wir sind jetzt aber nicht im Krieg», brummte Rosie.

«Es gibt keine Wurst ohne Brot!» donnerte Vater.

Und bestellte nochmals ein Zweierli.

Beim dritten Zweierli war er dann sanfter – «wir sagen auch nicht, dass du der Serviertochter etwas ins Ohr geflüstert hast...», säuselte Rosie. Dann bekamen wir sofort nochmals Waldfescht. Dieses Mal ging das Brot an die Spatzen. Kommentarlos.

Mutter sprach nicht gerne über die Klöpfer. Sie tischte sie nur gerne auf (Sparsamkeit war ihre Zier) – kamen aber die Bridge-Damen, erzählte sie ihnen vom Entrecôte, das eben auch nicht mehr die Qualität von früher habe, seit die Bauern dieses chemische Zeug füttern würden... oder sie gab dick an, wie ihr das Filet Wellington gestern gelungen sei. Dabei machte ihr Rosie allerdings einen Strich durch die Rechnung, als sie in die Runde platzte: «Was ist denn ein Filet Wellington...?» Mutter hüstelte: «Weisst du, das was wir gestern so genossen haben...»

«Ach so – Klöpfer im Blätterteig», trompetete Rosie. Jetzt hüstelten die Bridge-Damen. Und Mutter lachte nervös: «zzzzz – diese Kinder!»

Natürlich hat uns das Waldfescht kulinarisch geprägt. Dazu muss man einfach stehen. Und noch heute finde ich einen Klöpfer etwas Herrliches – ganz egal, wie man ihn vertilgt.

So sind wir kürzlich von Rom nach Hause gefahren. Wir waren übersatt an Nudeln, Ravioli, Risotto – und Tante Hermine jubelte, kaum war die Schweizer Grenze in Sicht: «Ich habe Appetit. Wir gehen in die nächste Beiz und essen etwas typisch Schweizerisches...»

Wir studierten die Menu-Karte. Es gab Filet «Rossini». Oder den Rehrücken nach Art der Frau Mirza. Oder Wildsaupfeffer nach der Sau des Hauses.

Wir lächelten die Serviertochter sonnig an: «Zweimal Waldfest – bitte!»

Sie rümpfte die Nase. Und dirigierte uns an einen Tisch, der nicht mit Stoffservietten ausgelegt war – es war der Stammtisch. Harte Eiche.

Dann haben wir mit Höchstgenuss unser Waldfescht vertilgt. Natürlich ohne Brot...

Sonntagshut

Mutter trug stets Hüte. Vater behauptete, sie habe die Hut-Sucht. Aber Mutter blieb Dame: «Davon verstehst du nichts, Hans!» Dann reichte sie ihm die Trämlermütze und hüstelte vieldeutig.

In ihrem Hutkasten sassen die verschiedenen Modelle wie Gesslers Tschäpper auf der Stange. Mutter besass eine Unmenge von diesen Holz-Pfeilern mit den grossen, runden Knöpfen, auf denen man die Hüte aufbewahrte. Links waren die Werktags-Hüte aufgereiht – rechts die Sonntagshüte. Und wehe, wenn wir an ihre edlen Tschäpper gingen – da ging ihr der Hut hoch.

Auch wir Kinder wurden am Sontag behütet. Die Mützen hiessen «Busi». Sie hatten ein kleines Schildchen. Und für den Winter Ohrlatzen, die man herunterklappen konnte.

Wir hassten diese Busi-Mützen sehr. Wir hätten lieber einen von Mutters grossen Deckeln gehabt, wo Blumen ausschlugen und Schleier dem Gesicht etwas Geheimnisvolles gaben – aber nein: Busi-Mützen! Damit noch in die Kirche!

Wir litten sehr.

Schon sehr früh wurden wir in die Regeln des Huttragens eingeführt: «In der Kirche nimmt man ihn vom Kopf...», erklärte Mutter. «Die Damen dürfen ihn aufbehalten...»

«Weshalb muss ich denn diese Mütze überhaupt anziehen, wenn ich sie doch nicht aufbehalten darf?» konterte ich. Mutter wusste es auch nicht. Und wenn sie nicht weiter wusste, erklärte sie immer: «Habt Ihr die Hausaufgaben schon gemacht?»

Wieder einmal hatte sich Mutter ein Modell aus Paris schicken lassen. Das heisst: Sie erklärte allen, der Hut sei in Paris extra für sie angefertigt worden – ein Sonntagshut. Wir hatten aber den Absender gesehen: Frau Höltschi in Pratteln.

«Sie ist so gut wie eine Pariserin», verriet Mutter den besten Freundinnen. Und etwa ein Drittel so billig. So kam Paris mit einem Fadenschlag näher.

Es war wirklich ein Prachtgebilde – Frau Höltschi hatte alle Mühe und Blumen drauf verwendet. Über das Gesicht fiel ein schwarzer Schleier – er wurde unten am Kinn festgemacht. Fragen Sie mich nicht, wie. Tatsache: Mutter konnte – hatte sie einmal das Netzfallgitter heruntergelassen – nicht mehr sprechen. Es war Vaters Lieblingshut.

Es war auch unser Lieblingshut – und als Mutter in Adelboden weilte, als sie uns in sicherer Obhut von Frau Blickensdorfer wusste, gingen wir an den Kasten. Wir losten aus: Rosie gewann den Sonntagshut – ich wählte einen Riesentellerigen mit zwei Reihern drauf.

In der Kirche waren sie sehr beeindruckt. Insbesondere, dass wir beide die Hüte oben behielten – es waren schliesslich Damen-Deckel. Und gelernt ist gelernt.

Der Herr Sigrist führte uns dann leise hinaus: «Was habt Ihr wieder Dummes im Sinn?» wetterte er. «Und dazu noch Mutters besten Sonntagshut! Aus Paris... Sie hat es mir erzählt.»

«Ach was Paris ist Pratteln. Der Hut kommt von Frau Höltschi...», versuchte Rosie Liebkind zu machen.

Der höchst erstaunte Sigrist erzählte es sofort seiner Frau. Die Frau erzählte es im Konsi – und dann wussten es überhaupt alle...

Mutter verzieh uns den Hut-Streich nie. Das Sackgeld wurde auf sechs Monate gestrichen – das Schlimmste war für sie, dass die Leute, wenn sie vorbeirauschte, leise kicherten: «Aha – Haute Couture de Prattele les Bains...»

Sie trug den Kopf stolz oben – und hatte nichts dazu zu sagen. Das Netzfallgitter war unten...

Berliner

Kürzlich war ich beim Zahnarzt.

Zahnärzte sind immer schrecklich. Aber am schrecklichsten ist es, wenn das Zahnarzt-Fräulein lächelt: «Der Herr Doktor ist etwas in Verzug – Sie haben noch Zeit für einen Kaffee. Zumindest 20 Minuten ...»

20 Minuten Galgen-Frist. 20 Minuten Nerven-Folter. Ich spaziere durch die Steinenvorstadt, bin in Gedanken auf dem Stuhl, dem zahn-elektrischen, höre den Bohrer pfeifen und stehe vor Berlinern. Herrlichen Berlinern. Den schönsten Berlinern, die ich je gesehen habe.

Sie tragen Schokoladen-Kleider. Oder bunte, kandierte Früchte, die aussehen, wie die Kronjuwelen der Königin-Mutter. Andere wiederum sind mit weissem Zuckerpelz angezogen – und da gibt es noch solche, die Glasperlen tragen.

Es sind also keine gewöhnlichen Berliner – nein: Kreationen.

Ich kann nicht anders, betrete die kleine Café-Bar, die sich den Namen «Rio» gegeben hat. Und setze mich vor eine Tortenplatte, auf der diese herrlichen Zuckerdinger die Gäste ebenso animieren, wie die heisse Lola ihre Kunden in der Haifischbar.

Natürlich bleibe ich standhaft. Denn Zahnarzt ist Zahnarzt. Überdies habe ich vor dem Gang auf den elektrischen Zahn-Stuhl die Zähne gründlich geputzt – also Berliner hin oder her. Es gibt nur einen kleinen Espresso. Mit Assugrin – versteht sich.

Später, auf dem Zahnarztstuhl, denke ich: «Also wenn diese Folter vorbei ist, gehst du rüber und leistest dir zwei, drei so bunte Wunder-Dinger. Wie lange hast du schon keine Berliner mehr gegessen? – Die letzten als Kind. In der Epa...

Die besten Berliner hat's in der alten Stehbar der Epa gegeben. Da waren diese runden Marmor-Tischchen. Da waren alle diese Frauen mit den Gummitaschen. Und den Haarnetzchen. Und da war Grossmutter, die uns an die Vitrine mit den Crèmeschnitten, Mohrenköpfen und Berlinern führte: «Willst du einen Berliner?»

Wir wollten.

Der Berliner war billiger als Crèmeschnitten und Mohrenköpfe. Aber wir liebten ihn. Und mit Grossmutter war er stets ein besonderer Genuss: sie schimpfte uns nicht aus, wenn wir im Heisshunger unser Gesicht mit Zucker und Erdbeerkonfitüre verschmierten. Nein, sie lächelte nur. Und reichte uns ihr weisses Taschentuch.

Wir hatten bald einmal eine eigene Technik heraus, die Berliner geschickt zu vertilgen. Rosie biss einfach bis in die Mitte durch. In der Mitte steckte nämlich die Konfitüren-Füllung. Und somit unsere Seligkeit.

Ich jedoch schnabulierte den luftigen Teig rings herum ab, bis ich nur noch das vollgespickte Gonfi-Mittel in den Händen hatte. Dieses spritze nach allen Seiten, so man zu fest drückte. Und meistens klebten wir bis übers Haar voll von dem blutroten Erdbeermark – Mutter schaute dann mit vorwurfsvollen Augen zu Grossmutter: «Du sollst ihnen den Berliner auf einem Teller mit Besteck servieren lassen.» Ein Berliner mit Besteck verlor jedoch an Reiz – wir schwärmten für den direkten Durchbiss. Und die Konfitüre, die überall klebte.

«Fertig», sagte der Zahnarzt. «Und nicht zu viel Süssigkeiten ...»

Ich war entlassen. In meinen Berliner-Träumereien hatte ich den Bohrer völlig überhört – es war die süsseste Zahnarzt-Stunde, die ich je erlebt hatte. Das musste gefeiert werden. Also bestellte ich mir im Café Rio drei von diesen bunten Kugeln, die da «Donuts» heissen.

«Sie sind also doch nochmals gekommen», lächelte die Dame hinter der Bar. «Diese Berliner verhexen alle Schleckmäuler.»

Ich nickte. Und mit Heisshunger biss ich den ersten in die Mitte durch. Er spritzte. Und tropfte. Und klebte.

Die Dame reichte mir eine Serviette. «Ein Kenner ...» nickte sie bewundernd, «nur Kenner beissen so durch, dass es spritzt. Banausen operieren mit Gabel und Messer ...»

Zu Hause schlug Mutter die Hände über dem Kopf zusammen: «Jerum – wie siehst du denn aus? Wärst du noch ein Kind, man könnte meinen, du hättest wieder Berliner vertilgt ...»

Därtli

Sonntag war «Därtli»-Tag. Kaum dass das Poulet vertilgt und die letzten Erbsli und Rüebli abgetragen worden waren, warf Vater einen Fünfliber auf: «So, jetzt holt ihr dafür ‹Därtli› – für mich einen Marzipan-‹Härdöpfel›. Und ein Japonais...» Wir zäpften dann zu Bäckermeister Schneiderhahn. Heute halten die meisten Bäcker am Sonntag ihr Geschäft geschlossen. Bäckermeister Schneiderhahn öffnete stets um elf Uhr, wenn die Kirchenglocken den Gottesdienst ausläuteten. Er legte dann die verschiedenen Platten mit den «Därtli»-Köstlichkeiten ins Schaufenster. Und ich sehe noch heute, wie die Leute Schlange gestanden sind – nach den Kirchen-Kanzel-Ermahnungen wollten sie etwas Süsses. Am begehrtesten waren Mohrenköpfe mit Rahmfüllung. Und die Sappho-Schiffchen mit dem silbernen Zuckerkügelchen.

Wir Kinder schauten immer, dass wir von der alten Frau Schneiderhahn bedient wurden. Sie war grosszügiger als die Schwiegertochter. Und sie schob uns gerne zwei, drei Extra-«Därtli» zu.

Am Familientisch hiess dann stets die erste Frage: «Wer hat euch bedient?»

«Die junge...» maulten wir dann. Und Mutter seufzte. Sie hatte auch mit einer Supplément-Portion gerechnet. Natürlich hatte uns die «alte» bedient. Da waren wir schlau genug. Wenn die «junge» uns fragte, knicksten wir sehr artig und säuselten: «Die Dame war zuerst da.» Die alte Frau Schneiderhahn schmunzelte dann verstohlen und packte uns noch drei Crèmeschnitten extra ein. Diese «Extra-Portionen» aber vertilgten Rosie und ich auf dem «OeKK». Ich erinnere mich noch gut, als der jungen Frau Schneiderhahn ein Blech mit Vermicelles zu Boden donnerte, und als die alte Frau Schneiderhahn stillschweigend ein Karton-Plateau holte, den ganzen vermatschten Vermicelles-«Därtli»-Segen mit der Tortenschaufel aufpappte und zu uns sagte: «So Kinder, – jetzt geht ihr zuerst einmal aufs ‹OeKK› und schlagt euch euren Schleckbauch voll. Dann kommt ihr wieder und holt die ‹Därtli› für eure Eltern...»

Seither kann ich keine Vermicelles mehr essen.

Wenn wir mit Mutter in die Stadt gingen, kehrten wir bei Spillmann ein. Oder bei Schiesser. Jedes durfte ein einziges «Därtli» aussuchen, – Mutter bekam natürlich zwei. Für uns Kinder wurde die Wahl zur Qual. Rosie aber liebte besonders die Punschkugeln, bei denen Vater stets die Nase rümpfte: «Pfui Rosie! Da tun die Bäcker alles hinein, lassen es durch den Fleischwolf und parfümieren es mit Rum, – nein danke!» Doch Rosie biss verklärt in den dunklen Bollen und hatte den Himmel auf der Zunge.

Wenn wir mit Grossmutter in die Stadt gingen, kehrten wir in der EPA-Stehbar ein: «Hier hat's die grössten Méringues», triumphierte sie. Wir durften so viel verdrücken, bis wir platzten. Nur zu Hause mussten wir schweigen. Mutter hatte etwas gegen das Publikum der EPA – und Grossmutter nannte sie eine eingebildete Gans.

Heute? – Die «Därtli» sind ein wenig kleiner, dafür teurer geworden. Man findet sie noch heute bei den Bäckermeistern und Confiseurs – Spitzenreiter sind noch immer das Diplomat, der Mohrenkopf, die Crèmeschnitte und die Punschkugeln.

Manchmal, wenn mich die Heisslust auf ein Japonais überkommt, werfe ich zwei Fünfliber auf und heisse meine Göttibuben beim Bäcker «Därtli» holen. Sie kommen dann verdächtig spät zurück – kleine Schoggiwürmchen kleben an ihren Mundwinkeln. Die «alte» Frau Schneiderhahn ist tot – aber ihre Tradition lebt weiter ...

s Gedichtli

In unserer Bücherwand steckte zwischen Goethe und Jerry
Cotton ein kleines, dünnes Bändchen – abgegriffen, aber er-
greifend: Es trug den vielversprechenden Titel «mer saage-n-
uff». Kaum dass sich nun das Weihnachtskind ankündigte, indem die Erwachsenen bei jeder sich bietenden Gelegenheit erklärten: «Also wenn ihr nicht brav seid, gibt's nichts zu Weihnachten...» – kaum also, dass die Zeit anbrach, wo wir frei-
willig beim Abwaschen halfen und am Samstag Vaters Wagen
gratis auf Hochglanz polierten, kaum dass unsere Gedanken
um ein zapfenlockiges Ditti (ich) oder um Hockey-Schlittschuhe mit Knieschonern (Rosie) schwebten, schon griff Mutter
zum ergreifenden Abgegriffenen: «Jetzt wollen wir doch
schauen, was wir dieses Jahr aufsagen könnten...»
Ich weiss nicht, wer in Urzeiten auf die Idee gekommen ist, die
Kinder an Weihnachten gar Liebliches in Versform unter rie-
selnden Tannennadeln aufsagen zu lassen. Bestimmt war's
kein Kinderfreund. Für uns gab's nämlich nichts Schlimmeres
als dieses «Gedichtli». Es verteufelte den absoluten Reiz am
Heiligen Abend.
Und obwohl Onkels und Tanten in obligates «ach nein, wie
nett...» und «ach wie süss...» und «oh wie fein» ausbra-
chen, sich Tränen aus den Augen drückten und unsere Locken
tätschelten – ich habe den Verdacht, sie haben «s Gedichtli»
auch zum T... gewünscht. Die konnten doch alle nicht warten, bis sie an den Geschenkberg herankamen. Wie wir auch.
Irgendwie spürten wir Kinder diese Ungeduld vor der Tanne.
Also rasselten wir die Reime im Schnellzugtempo herunter,
verschluckten Silben und liefen blau an, wenn wir nach sieben
Zeilen noch immer nicht Luft geholt hatten. Mutter sah dann
rot: «Langsam Rosie... mit Betonung... so wie ich's euch
beigebracht habe». Wir überhörten's lächelnd. Später seufzte
sie bei den Verwandten: «Gestern, beim Abwaschen, haben
sie's so wunderschön gekonnt...». Grossmutter war auch gegen das Gedichtlein: «Erstens fällt dabei stets mein Soufflé zusammen. Und zweitens ist das Kinderquälerei – wir werden
eurer Mutter diese Flausen schon austreiben.»

Im nächsten Jahr kam sie mit einem ellenlangen Gedicht angerückt. Es hiess «e Drepfli Bluet». Es war die Courts-Mahler-Story der Weihnachtszeit. Alles in bestem Baseldytsch. Bei Windstille sowie günstigen meteorologischen Bedingungen dauerte es knapp 28 Minuten.

«Kinder – es ist lang. Aber ich verspreche euch: nach diesem Gedicht wird Mutter nie mehr zum Büchlein greifen.»

Das war ausschlaggebend. Und wir büffelten. Der Inhalt der höchst wertvollen Reime handelte von einer blutarmen Mutter, selbstverständlich mittellos und bis in alle Nacht arbeitend: «Si schafft und schafft bis d'Dunkelheit bricht y – denn legt si d'Arbet wägg und rueht e gly.» Die liebevolle Mutter will ihrem Kind eine Weihnachtsfreude bereiten. Sie näht ein Schürzchen und legt ein paar Äpfelchen dazu – das Kind aber kann seine Mutter auch nicht ohne Geschenklein sehen. Also nimmt es eine Nähnadel und sticht sich damit in den Finger. Das Ergebnis wird zum Titel: «e Drepfli Bluet».

Als wir das Gedicht konnten, beschlossen wir eine Hauptprobe zu veranstalten. Wir schellten bei Frau Gygax. Sie erschien am Besen: «Was wollt ihr schon wieder – he?»

«Wir wissen ein Gedichtlein».

Rosie setzte den Madonnenblick auf (sie hatte die wasserblauesten Augen und spielte am Krippenspiel stets den Engel der Verkündung) – ich faltete die Hände: «e Drepfli Bluet».

Nach fünfzehn Minuten heulte Frau Gygax über dem Besen, schluchzte laut «Hört auf, hört auf – ach wie schön!». Sie flennte ins Staubtuch, und Rosie schoss einen triumphierenden Blick: «Es haut hin!»

Als nun das Weihnachtsbaumglöckchen geklingelt hatte, als die Kerzen und auch die Verwandten Feuer und Flamme waren, als Mutter uns zulächelte: «So – und jetzt das Gedichtli», da war uns zu Mut wie der Callas vor ihrer ersten Norma. Rosie drapierte sich malerisch vor die Krippe – sie hätte die letzten 17 Minuten des Gedichtes gerne auf den Knien rezitiert. Aber Grossmutter riet ab.

Schon als wir den Titel «e Drepfli Bluet» verkündeten, griffen sich einige Tanten ergriffen ans Herz. Nach den ersten acht Minuten aber, nachdem wir das Elend der blutarmen Frau dramatisch heruntergereimt hatten, da zückten sie die Taschentücher. Nach der Halbzeit schwamm die Gesellschaft in

Tränen. Und als wir nach 28 Minuten schlossen, als Rosie dramatisch den Blick zu Boden senkte (und fast aus der Rolle gefallen war, weil sie unter dem Tannenstamm einen Hockeyschläger erblickte) – als wir sanft und süss schlossen: «denn durch das Drepfli Bluet in stille Stunde – het s Mueter-Härz sy Hailand wider gfunde...», da hub ein Schneuzen und Schnupfen an, da wurden wir in die Arme genommen, und nur Mutter schaute leicht sauer zu Grossmutter: «Frohe Festtage – mein Filet ist angebrannt...»
Später hat sich noch die Organisation für freiwilliges Blutspenden für das Weihnachtsgedicht interessiert. Ansonsten hatten wir Ruhe – und der Gedicht-Band blieb ein für allemal im Bücherschrank zwischen Jerry Cotton und Goethe eingeklemmt...

Photokiste

Mein Vater ist nicht gerade das, was man «von der Muse geküsst» nennen könnte. Geküsst schon. Nur hiessen die Damen anders.

Also – mein Vater machte um das Kunstmuseum einen Bogen, fand im Theater lediglich an Salome gefallen (wegen des Schleiertanzes) und zog ansonsten die Bildlein der Ordensfrauen «Hummel» (vulgo: Hummel-Bildchen) vor.

Nur bei Photos – da spielte er verrückt. Es gab keine Photo-Ausstellung, die er nicht besucht hätte. Und es gab keinen Ausflug in die blauen Reben, wo wir nicht friedlich vereint – Tante, Grossmutter, Hund, Mutter und meine Kleinigkeit mit Büsi-Mütze – unter Eichen, vor einem Felsvorsprung, in der Gartenbeiz oder hinter dem neuen Auto geknipst worden wären. Die Bilder – meistens kaum briefmarkengross entwickelt – kamen in die Photo-Kiste. Kein Mensch schaute sie je an. Aber geknipst war geknipst. Und Mutter glaubte noch immer an den Künstler in meinem Vater – also liess sie ihn weiter knipsen. Auch wenn Grossmutter manchmal zynische Bemerkungen fallen liess: «Nun ja – das Knipsen ist des Trämlers Lust...»

Wir Kinder waren auf die Photographiererei allergisch. Die Sache vermieste uns Ferien und Sonntage. Denn wir hatten nichts anderes zu tun, als uns ins rechte Licht zu rücken. Und zu lächeln. Wehe wenn nicht...

Ich erinnere mich an Venedig. Es war auf dem Markusplatz. Alle Touristen knipsten. Die Gebildeten gingen in den Dogen-Palast. Die andern blieben bei den Tauben. Vater blieb bei den Tauben. Mutter seufzte. Als sie ihm vorschlug: «Also Hans – im Dogenpalast hat es prächtige Bilder und Mosaike. Diese Dogen lebten doch grossartig und...», erklärte Vater dramatisch: «Lieber die Taube auf dem Film als die Dogen im Palast – uahaha!»

Vater kaufte Taubenfutter. Etwa zehn Gügglein. Das Taubenfutter kostete etwa soviel wie ein Sechs-Gänge-Menu im Dachgartenrestaurant des «Danieli». Aber für Photos war nichts zu teuer.

«Ich stelle Euch alles ein», erklärte Vater Rosie und mir.
«Dann nehme ich das Futter in die Hand, locke mit ‹gurrugurru›, und wenn die Tauben picken, drückt ihr ab ...»
Wir hielten den Apparat, zielten genau auf Vater. Dieser
machte «gurrugurru». Hundert Tauben liessen sich auf ihm
nieder, pickten, gurrten – Vater lächelte verkrampft. Leider
wackelte er allzu sehr. Und ich bekam ihn nie richtig scharf ins
Bild. Dann endlich – die Tauben stiegen gerade wieder auf,
hinterliessen weisse, längliche Spuren. Da knipste ich. Mein
Vater sah aus wie die lebendige Glitzerstein-Höhle – voller
Tropfspuren. Und weissen Krümelchen.
Die Photo kam nie in die Kiste.

Kaugummi

«Schliesst den Mund beim Essen! Und kätscht nicht so unanständig!»

Mutter schoss Blicke. Grossmutter heizte an: «Das kommt nur von diesen scheusslichen Kaugummi, die ihr ständig zwischen den Zähnen habt...»

Und Vater explodierte: «Meine Kinder haben keinen Kaugummi zu kauen. Ich dulde diese Gummi-Dekadenz in eurem Mund nicht. Speit sofort diesen imperialistischen US-Dreck aus!»

Rosie spuckte. Es war aber Spinat.

«Die Tischmanieren haben sie von dir!» sagte Mutter ruhig.

Vaters Kopf ähnelte einem Bubble-Gum kurz vor der Explosion.

Wir knübelten die Kaugummi von der Stuhllehne und meldeten uns ab.

Unseren kulturellen Rahmen während der Primarklassen bildeten Mickey Mouse, Donald Duck, die drei kleinen Schweinchen und Kaugummi. Wir priesen Amerika und die Yankees, welche uns den Kaugummi und die Mickey Mouse beschert hatten – ja selbst meine Cousine Arabella, bereits älter und dem Kaugummi längst entwachsen, bekam in nostalgischen Gedanken gläserne Augen: «Also die Kaugummi sind genau nach dem Weltkrieg in unsere Stadt eingeschleppt worden – erinnerst Du dich noch, Lotti?»

Mutter zuckte zusammen und machte alarmierende Zeichen zu Arabella. Diese plauderte jedoch fröhlich weiter: «... und dann sind die amerikanischen Soldaten zu uns in den Urlaub gekommen. Und wir mussten ja nett zu ihnen sein, wo sie uns so viel Gutes getan hatten. Nicht wahr, Lotti?»

Hier bekam Mutter einen Hustenanfall. Und keuchte: «Arabella – pas devant les enfants.»

Doch Arabella war nicht mehr zu bremsen: «... und da haben wir diese knackigen Dschii-Ais in ihren prallen Uniformhosen angelächelt und zu ihnen gesagt: ‹Schwinggömm pliis›. Und – ach was für eine herrliche Zeit, Lotti! – schon wurden wir mit Zigaretten und Kaugummi gefüttert. Und...»

«Also, ich weiss wirklich nicht, ob das die Kinder interessiert – Arabella?», sagte Mutter und drückte uns schnell einen Franken in die Hand; wir mussten verschwinden.

Wir kauften also Bazooka. Sie hatten ein herrliches Bildchen auf der Rückseite. Und sie schmeckten undefinierbar nach Himbeeren, Waschpulver und Hambörgers. Kurz: Sie schmeckten amerikanisch. Und somit schmeckten sie nach grosser, weiter Welt – wunderbar!

Selbstverständlich waren wir Meister im «Kaugummi-Blootere» blasen. Dazu verwendeten wir allerdings nicht Bazooka. Sondern die billigeren Kugeln, die man für einen Batzen aus den Kaugummi-Apparaten herausdrehen konnte.

Mein heutiger Arbeitskollege André Muelhaupt war damals nicht einmal mit zehn Rappen berappt. Er nahm ein Fünferli und liess es auf den Tramschienen plattfahren. Dann gab er dieses verdrückte Fünferli in den Apparat – und die Sache funktionierte auch. So sparsam sind Photographen, schon seit Kindesbeinen . . .

Wie gesagt: Grossmutter war allergisch auf unsere Kauerei. Als sie uns ins Theater mitnahm – man gab Orlikowskis Dornröschen – ja als wir von der guten «fée de lila» derart gefangen waren, dass wir vor Begeisterung den Kaugummi aufbliesen, hatten wir plötzlich Grossmutters Hände auf dem Mund. Es knallte wunderbar. Und die «fée de lila» fiel genervt aus dem Takt. Grossmutter aber konnte ihre seidenen Theaterhandschuhe, die bis zum Ellbogen gingen, fortwerfen. Sie klebten voll mit Gummi.

Heute kaue ich noch immer. Weniger Gummi als Essbares. Es hat den Nachteil; dass man es herunterschluckt, was statt der Chewing-Gum-Blase den Bauch explosionsartig anschwellen lässt . . .

Kohlemaa

Wie wir diesen Ruf hassten: «Kinder – rasch in den Keller!
Wir brauchen von den grossen Scheitern. Und nur wenig von
den kleinen. Dann noch den Kohlen-Kübel füllen – und . . .»
Rosie schoss mir einen Blick zu. Ich schoss Rosie einen Blick
zu. Dann knobelten wir. Zwei Jahre lang habe ich die Kohlen
aus dem Keller geholt. Bis ich merkte, dass Rosie beim Kno-
beln mogelte.
Wir gingen nicht gerne in den Holz- und Kohlen-Keller. Überhaupt nicht gerne in den Keller. Abgesehen davon, dass uns
jede Art von sportlicher Bewegung lästig war, hasste ich die
Keller-Ambiance. Es roch nach Äpfeln auf der Hurd. Nach
Konfitüren-Gläsern und Cellophan-Papier. Nach Rotwein-
fass (mit dem «Katzesaicherli-Wy») und Kohlenstaub. Grossmutter sagte dem: «'s wurelet». Und auf deutsch heisst das
wohl: es waurelte im Keller.
Im übrigen wehte um den Keller herum stets ein Hauch von
Folter. Wenn wir die verschiedenen Keller-Abteile mit den feinen «Lättli-Wänden» sahen, mussten wir an Hänsel und Gre-
tel denken. Und daran, wie Hänsel den Arm zwischen den
Lättli herausgestreckt hat, auf dass die Hexe den Braten fühlen
konnte. Und immer wieder bekamen wir am Tisch serviert:
«Wenn ihr nicht anständig seid, nimmt Euch der Kohlenmann mit.»
«Dr Kohlemaa» – das waren diese stummen Gesellen mit dem
Leinensack über dem Kopf. Wenn wir bei Herrn Vonthron
den Eier-Koks und die Briquettes bestellten, fuhren sie am
nächsten Tag vor. Ihre Gesichter waren grimmig und schwarz.
Sie buckelten die verrussten Säcke auf die Schulter, gingen
stets gebückt in den Keller und husteten oft. Mutter brachte ihnen einen Schnaps: «Damit der Kohlenstaub nicht in den
Lungen kleben bleibt», erklärte sie zu Grossmutter. Und
Grossmutter begann sofort zu husten: Sie habe auch Staub im
Hals . . . und so ein Schnäpslein sei ja wohl das Beste . . .
und . . . Doch Mutter machte eine spitze Nase: «Es ist noch
nicht einmal elf Uhr!»
Wir fürchteten nichts so sehr wie den Böhlimaa. Und den

Kohlemaa. Und meine heutigen Knackse sind allesamt mit dem Kohlenmann zu entschuldigen. So sagt's auch die moderne Kinder-Psychologie. Und für mich ist's bequem, wenn ich nach einem Wutausbruch, bei dem eine Gallé-Vase sowie zwei Meissen-Tassen draufgingen, lammfromm sagen kann: der Kohlenmann trägt die Verantwortung auf seinen russigen Schultern.

Die Muffs hatten auch Kohlen. Und zwar wie wild. Deshalb konnten sie sich Zentralheizung leisten – Dora höhnte manchmal in der Pause: «Die feuern noch mit Kohle... pfui Teufel... Kohlenkinder! Kohlenkinder!»

Dora hatte beneidenswert weisse Hände. Und war immer so sauber. Überhaupt wäre Dora «der Umgang für uns» (so Mutter) gewesen. Aber sie gab an wie ein Wald voll Affen – und so beschlossen wir, es Dora heimzuzahlen. Zumindest das mit den «Kohlenkindern».

Wir luden sie also nach Hause ein. Dora kam weissgeschürzt. Und auch sonst ganz fein. «Hier feuern wir», erklärte Rosie und zeigte auf den gekachelten Ofen. «Und jetzt zeigen wir dir, wo die Kohlen sind...»

Dora war sehr neugierig. Sie kam mit in den Keller. Wir liessen sie etwa drei Stunden dort. Und schlossen die Türe ab.

Unglücklicherweise hatte Vater justement auf diesen Tag Kohlen bestellt. Die Kohlenmänner fanden Dora auf dem Kohlenhaufen. Sie spielte quietschvergnügt mit den Eierkohlen. Als wir in den Keller kamen, fanden wir Dora im trauten Zwiegespräch mit dem Kohlenmann.

Rosie hielt die Luft an: «Das darf ja nicht wahr sein – und ich habe stets gedacht, diese Männer können gar nicht reden.»

«Eine nette Schwester habt ihr hier», lachte uns der Kohlenmann entgegen, «spielt mit den schönsten Kleidern auf dem Kohlenhaufen...»

Dora steckte wirklich bis zum Hals in der Eierkohle. Sie sah aus wie eine moderne Inszenierung von «Warten auf Godot». Wir hatten plötzlich Sympathien für sie – als ihre Eltern jedoch das «Kohlenmädchen» entdeckten, fiel die Mutter in Ohnmacht. Und Herr Muff schrieb unserer Klassenlehrerin sofort einen Brief: Wir wären kein Umgang für Dora.

Wo sie eben dran war, normal zu werden...

Ditti

Als mein Vater durch einen Kontrolleur auf dem Barfüsser-
platz die erschütternde Nachricht erhielt: «Es ist soweit – Deine Frau hat geworfen...» (so reden Kontrolleure eben), liess
er Sechsertram und Passagiere einfach stehen, sprang über die
sieben Geleise und kaufte bei Sport-Gerspach Boxhandschuhe.
«Der Kleine kommt in die National-Mannschaft», erklärte er
der Verkäuferin. Dann überfielen ihn plötzlich Zweifel, er hatte sich nicht einmal erkundigt, ob's ein Mädchen oder Bub sei.
Also ging er ans Telefon: «Hier ist der Vater – guten Tag
Schwester. Ist es ein Mädchen oder ein Bub...?»
Schwestern sind Kummer gewohnt, besonders die Schwestern
im Frauenspital: «Wir haben heute nur Buben bekommen...»
erklärte Schwester Heidi.
«Ich hab's ja gleich gesagt», brüllte Vater zur Verkäuferin.
«Geben Sie mir noch ein paar Ski – vielen Dank!»
Mutter kaufte er ein Rasierwasser, Billig-Lavendel.
Wenn ich meinen Grossmüttern und Tanten glauben darf, ha-
ben mich Boxhandschuhe und Skis kalt gelassen.
Vater war enorm enttäuscht: «Der Bub sieht aus wie ein ge-
rupftes Huhn, hoffentlich geben ihm die da richtig zu essen...»
«Hans», seufzte Mutter gekränkt, «Hans, es ist das schönste
Kind auf der ganzen Etage. Nicht weil es unser Kind ist...
nein, die Schwestern sagen's auch. Kein Rünzeli, alles ganz
glatt...»
«Hoffentlich ist die Rechte gut ausgebildet, wenn ich den gut
trainiere, schlägt er in zwei Jahren den Bubi Scholz k.o.»
«Das arme Kind», meinte Tante Olga schnippisch. Dann legte
sie mir einen Plüsch-Hasen ins Bettchen. Und damit muss die
Sache wohl angefangen haben – mein Interesse an Dittis war
geweckt. Die Boxhandschuhe staubten vor sich hin, die Skis
kamen ins Ratstübli.
Meine erste grosse Liebe gehörte Brumm-Brumm. Es war ein
brauner, leicht abgeschossener Teddy-Bär, ohne den ich nicht
einschlafen konnte.

Später, als meine Kameraden bereits auf dem Oekolampad eine Fussballmannschaft stellten, ging meine Liebe auf «Hulda» über, Hulda war Rosies Ditti. Und Rosie war eine Raben-Mutter. Sie interessierte sich vielmehr für Catch und Karate.

Ich beschloss, Hulda auf der Stelle zu adoptieren. Und bezahlte mit meinen Boxhandschuhen.

Vater, oder eigentlich: Huldas Grossvater, war höchst ungehalten: «Lotti, mein Sohn mit Puppen. Was soll das? Da stimmt doch etwas nicht?»

Mutter schaute ihn scharf an: «So? – Stimmt etwas nicht. Bei ihm sind's eben Puppen – bei andern Billeteusen...»

Daraufhin liess Vater das Thema wie eine heisse Kartoffel fallen: «Im Garten sind die Kefen reif...»

Es kam die Zeit, wo ich meine Ditti-Kinder vernachlässigte. Schlimmer, ich begann mich ihrer zu schämen. Wenn meine Schulkollegen zu mir nach Hause kamen, um Mathematik-Aufgaben gemeinsam zu lösen, verbannte ich die Puppen in den Kasten. Und eines Tages holte ich sie nicht mehr hervor, ich hatte sie völlig abgenabelt.

Kürzlich nun rief meine Mutter an: «Wir räumen das Haus und die Kästen. Weisst Du, was ich da gefunden habe?»

Ich wusste es, holte sie ab – mit leicht schlechtem Gewissen. Doch die Puppen lächelten noch immer. Puppen sind nicht nachtragend.

Der Kindertraum vom Ostereierfärben

Als Kind hätte ich stets gerne Eier gemalt. Ostereier. So wie's Grossmutter uns beigebracht hat.

Sie kochte die Eier in Zwiebelschale. Vorher wickelte sie Kräutlein und Gräslein darum, band alles mit einem Strumpf zusammen und gab das zerbrechliche Ding dann in die Brühe. Später wurden die Eier mit Speckschwarten abgerieben. Sie glänzten wie eine Horde Orang-Utan-Popos.

Mutter hat von dieser Eier-Malerei nie etwas wissen wollen: «Seid ihr verrückt – das ruiniert Hände und Pfanne. Man kann die Eier doch gefärbt kaufen.» Dann brachte sie eine Schachtel nach Hause. Die Dinger glänzten in den schrillsten Farben. Und sie sahen nach 20-Rappen-das-Stück aus.

Da man als Erwachsener alle Kinderträume nachträumen will, habe ich Oliver angerufen. Oliver ist mein Göttibub. Er schwärmt für Computer-Spiele und Joga-Meditation.

«Willst du mit mir Eier färben?» Stille. Langatmige Stille. Ich meine, nur seine Gehirnzellen leise «düüdüüüten» zu hören.

Dann: «Kann man die heute nicht überall gefärbt kaufen?»

«Sicher. Ist aber nicht dasselbe...»

Wieder Pause. Und wieder «düüdüü».

Dann: «Ich glaube nicht, dass es dich billiger kommt, wenn du sie selber färbst. Es gibt gefärbte zu 20 Rappen das Stück und...»

Jetzt macht's aber bei mir «düüdüüü.» Und zwar zünftig. «Ich will Eier färben – verstanden!! Es ist das Auffüllen einer Kindheitslücke. Kapiert?»

Dann wieder «düüdüü». Und nichts mehr. Und aufgehängt.

Das sind die Eier, die unsere Generation ausgebrütet hat.

In der Drogerie sind sie eitel Verständnis: «Aha. Eiermalen. Natürlich – wir haben 134 Farbtypen. Dann gibt es Zwiebelschale und Rotholz. Auch Blauholz. Und getrocknete chilenische Riesenameisen. Die ergeben ein höchst natürliches Zinnoberrot. Natürlich können Sie auch das senegalesische Schnecken-Purpur haben, aber...» «Also ich dachte eigentlich an gewöhnliche Eierfarben, die im Güggli und mit Abziehbildlein drin...»

Jetzt schaut die Drogistin aber sehr bedeppert: «Gewöhnliche Eierfarben? Aber die hat doch kein Mensch mehr. Bei diesen Abziehbildlein sah der Osterhase stets aus, als wäre er direkt in den Staubsauger gekommen, wirklich, mein Herr – welche Farbe wünschen Sie sich eigentlich...»

Früher hat meine Grossmutter stets rosarote gefärbt. Solche hätte ich gerne gehabt. Aber «aha», sagt das Fräulein «aha – rosa. Sie meinen wohl pink?» Ihre Finger blättern in einer Güggli-Kartei, zupfen zwei Couvertchen heraus und sie verlangt 14.80 in bar.

Zu Hause gebe ich die paar Brosamen vom seltsamen Pulver in den Dampfkochtopf, fülle auf mit Wasser und schichte 38 Eier von glücklichen Hennen aufeinander. Dann Sicherheitsverschluss. Und Feuer.

Dummerweise muss gerade in diesem Augenblick meine Tante Gertrude anrufen. Sie weiss das Neuste von Tante Käthi aus Adelboden und dass die Tochter dort eben...

Mitten im Drama gab's einen Knall: die Küche ähnelt nun einem Schlachthaus nach dem Wurstfest. – Morgen kommen die Maler.

Meine Lieben – es wird dieses Jahr wohl keine rosafarbigen resp. pinkigen Ostereier geben.

Morgen hole ich die 20-Rappen-pro-Dinger. Entsetzlich. Aber Kinderträume sind nur schön, wenn man sie nicht antastet...

Frühstück ans Bett

Frühstück hiess für uns: hastig eine Tasse Milchkaffee – und dann ab die Post!

«Kinder – es ist einfach ungesund, ohne ein Stück Brot in die Schule zu gehen!», seufzte Mutter. Und Grossmutter faltete geniesserisch die Hände überm Bauch: «Stimmt. Überdies ist das Frühstück die allerschönste Mahlzeit im Tage. Ich geniesse es, wenn man mir am Morgen im Hotel die frischen Brötchen ans Bett bringt...»

Nun wurde Mutters Nasenspitze etwas nadlig: «Nicht jeder kann sich das Frühstück im Hotel leisten, liebe Mama – die Zeiten haben sich geändert. Wenn auch nicht für alle....»

Damit wurde das etwas kritische Thema vom Frühstückstisch gefegt.

In der Tat waren wir alle keine Frühstücker. Ganz im Gegenteil. Vater hatte unregelmässig Dienst – mal war fünf Uhr in der Früh, dann wieder zwei Uhr nachmittags seine Frühstückszeit. Er begnügte sich auch nicht mit Kaffee und einer Butterschnitte. Nein, da wurde Kräftigeres verlangt: Wurstsalat mit einem Gläschen Klaren und Bier – Mutter schleppte es grün im Gesicht an: «Dass du so etwas bereits um fünf Uhr morgens runterkriegst, Hans...?!»

Doch Vater liess sich sein Zmorge «spezial» nicht vermiesen. Er griff herzhaft zu: «Wer arbeitet, muss essen», grunzt er zufrieden.

Bei der Dreierschlaufe in der Hard war dann zweite Frühstücks-Pause: Der Wirt stand bereits mit einem «Grütter» sowie zwei Schinkenbroten an der Haltestelle...

Mutter selber hielt viel vom Kaffee. Und wenig vom Frühstücksbrot. Eine Kanne mit heisser Wienermischung stand stets bereit – so wuchsen wir Kinder im Kaffeeduft jedoch frühstückslos auf. Es gibt Schlimmeres.

Nun meldete sich eines schönen Tages unsere hochverehrte Tante Ella an. Sie war Mutters Patentante, Grossmutters Schwägerin und unser aller Kinderschreck. Tante Ella wurde von meinem Vater «das lange Gewitter» genannt – und das sagt wohl einiges.

«Wir müssen nett zu ihr sein», meinte Mutter, «erstens bin ich ihr einziges Patenkind. Sie hat mir schon lange das kleine Haus am See versprochen und...»

«Tand, Tand, ist das Gebilde von Menschenhand...», flötete Rosie, die gerade in einer lyrischen Phase steckte.

Mutter schaute streng: «...und zweitens werdet ihr euch jetzt verdammt nochmal drei Wochen zusammennehmen können! Es reicht, wenn schon die ganze Strasse das Kreuz schlägt – VERSTANDEN!»

Wir waren Kinder ohne Frühstück – aber mit einem argen Los. Und einer gewittrigen Tante.

Ella machte uns das Leben recht sauer. Sie stammte aus einer Epoche, wo man den Dienstmädchen ein paar wollene Strümpfe und liebe Worte zum Lob gab – und das Frühstück mittels einer Glocke, die an einem wunderschön gestickten Gobelin-Band hing, heranschellte.

Bei uns gab es keine Glocke. Und auch kein Mädchen mit Wollstrümpfe-Lohn. Bei uns gab es nur Mutter, die sanft säuselte: «Ich wüsste, wie ihr euer Sackgeld ein bisschen aufpolieren könntet....» Und schon waren wir Personal – unser Lohn betrug einen Zweifränkler pro Woche. Die Gratifikation bestand aus wüsten Drohungen: «Ihr werdet Tante Ella jeden Wunsch von den Lippen lesen....»

Wir brauchten nicht lange zu lesen, Tante Ella dröhnte wie ein alter Berufs-General. Sie hielt uns jede Minute auf Trab. Mutter hatte ihr ein kleines Silberglöcklein in die Hände gedrückt: «Die Kinder stehen dir zur Verfügung, liebe Ella...»

Jetzt schellte sie, dass sogar Vater zugeben musste, das Dreiertram sei nichts dagegen.

Am schlimmsten war das Frühstück. Sie nahm es in ihrem Zimmer – wir mussten ein Drei-Minuten-Ei kochen. Dazu drei Weissbrot-Schnitten goldbraun toasten. Ferner verlangte sie frischgepressten Orangenjus, drei Röllchen Butter und Mutters beste Quittenkonfitüre.

Das wäre alles noch zu ertragen gewesen – aber meistens schellte das Glöcklein kurz vor sechs Uhr.

«Morgenstund hat Gold im Mund» – so empfing sie uns huldvoll an ihrem Bett.

«Wenn die übermorgen nicht abreist, gehe ich ins Kloster...», wetterte Rosie.

Dann kam uns jedoch wider Erwarten Dora Muff zu Hilfe:
«In unserem Garten sind viele Spitzmäuschen – wollt ihr sie
sehen?»
Wir wollten sie nicht nur sehen. Wir fingen so ein Exemplar.
Und fütterten es zu Hause mit Käse, den wir in Vaters Kirsch
getaucht hatten. Die Maus wurde sehr müde – wir legten sie in
den Eierbecher, setzten das Wärmehütchen drauf. Und ser-
vierten die frohe Überraschung Tante Ella als Drei-Minu-
ten-Ei.
Ihr Schrei war markerschütternd – ihr Abgang ebenfalls.
Mutter schaute ihr nach: «Da geht mein Häuschen am See…»
«Du bist uns noch zwei Franken schuldig…», krähte Rosie.
«Ich werde Euch!» donnerte Mutter und holte mit der Hand
aus.
Kein Wunder, dass man heute kein Personal mehr kriegt…

Beiss nicht gleich in jeden Apfel...

Es gibt Äpfel. Und es gibt Äpfel.

Vom Blickwinkel der Fortpflanzung aus betrachtet, wachsen in Basel die berühmtesten Äpfel der Welt. Natürlich haben sie im Zeitalter der Samenbank (pardon!) an knackiger Bedeutung verloren. Und in einer Welt, wo kleine Kinder wie Wienerwald-Hühnchen vom computerisierten Brutofen ausgebrütet werden, ist diese Frucht ein Anachronismus. Dennoch reisst man sich jährlich um den Basler Apfel. Und es gibt Frauen, die sanft erröten, wenn ihnen der Wild Maa seine efeuumrankte Frucht in die Hand legt: «Um Himmels willen – wir haben doch schon drei...»

Gemeint sind da nicht Äpfel. Gemeint sind die Kinder davon.

Wer nämlich am Kleinbasler Ehrentag vom Wild Maa einen Apfel geschenkt bekommt und hineinbeisst (in den Apfel, nicht in den Wild Maa), wird spätestens am Sabinentag Kinderfreuden entgegensehen. Die Sache funktioniert praktisch immer – und gerade im Spiel der drei -E- weiss man ein paar Liedlein von sogenannten Wild-Maa-Kindern zu singen.

Ja, man darf ruhig sagen: der Verkehrsverein wäre gut beraten, künftig zum Vogel Gryff weltweit sogenannte Apfel-Reisen auszuschreiben. Etwa so:

Wer z'Basel in den Apfel beisst, guter Hoffnung heimwärts reist... (oder ähnlich).

Mein allererstes Apfel-Erlebnis geht auf die Primarschule zurück. Und auf Dora Muff.

Sie war die Eva im Apfelstück. Stets vor dem Vogel Gryff löcherte sie mich: «Beweis' mir, dass du ein starker Mann bist. Filz' dem Wild Maa einen Apfel aus der Krone. Der Dölfeli hat letztes Jahr sechs Stück geholt...»

Der Dölfeli Weber war das Kotzübel jener Tage. Immer mit Krawättchen. Immer mit blankgeputzten Lackschühlein. Bei schriftlichen Arbeiten schirmte er seine Rechnungslösungen mit dem gewinkelten Arm ab – man sieht, was für einer er war.

Dieser Schleimscheisser also brillierte nun an jedem Vogel Gryff mit einem halben Dutzend Wild-Maa-Äpfeln. Dies jedoch nur, weil der Meister der Hären sein Grossonkel war.

Und ihm jeweils ein paar der kostbaren Früchte schenkte.
Ich hatte keinen Onkel bei den drei -E-. Ich hatte wohl einen
Vater als Wilden Mann. Aber der interessierte sich nur für die
Äpfelchen der Evas. Und der Wild Maa liess ihn absolut kalt.
Rosie nahm sich meines Problems an: «Ich weiss, wie du den
Dölfeli schlagen kannst. Morgen holen wir aus der Kellerhur-
de 20 Äpfel, polieren sie spiegelblank und stecken Efeu hinein.
So kann sie kein Mensch von den Wild-Maa-Äpfeln unter-
scheiden…»
Beim Anblick der Fruchtbarkeitsschwemme gingen Dora die
Augen über: «Alles für dich geholt», gab ich dick an. «Es sind
20 Stück. Und der Dölfeli hat nur wieder sechs…»
Dora schwankte mit offenen Armen auf mich zu: «Oh, du
mein Held!» Aber da kam auch schon der Dölfeli herbeige-
rannt: «Betrug! Der Wild Maa ist noch gar nicht auf der Tal-
fahrt. Er hat die Äpfel noch. Die Früchte sind falsch…»
Daraufhin habe ich dem Dölfeli eine an den Apfel geklebt,
und Dora schrie hysterisch: «Man schlägt sich um mich…»
Später hat sie sich von Hugo Abächerli trösten lassen. Seine
Eltern führten den Süssigkeiten-Kiosk beim Schulhaus – und
Cola-Fröschli zogen damals noch mehr als die Äpfel des Wild
Maa…
Mein zweites Apfel-Erlebnis war dann doch eher ungewöhn-
lich: Es kommt nur selten vor, dass der Apfel einem Mann in
die Hand gelegt wird. Das liegt in der Natur der Sache – denn
wo soll man(n) die Frucht austragen? – Eben.
Ich weiss nun nicht, was den Wild Maa vor sechs Jahren über-
kommen ist. Er hat mir einen Apfel in die Hand gelegt. Ich
biss – verfressen wie immer – hinein. Und «Bin mal gespannt,
wie du in neun Monaten aussiehst», witzelten die bösartigen
Kollegen.
Liebe Freunde – neun Monate später war ich acht Kilos
schwerer.
«Unerklärlich», nervte sich Alex, mein Arzt.
Für ihn bestimmt. Ich aber wusste Bescheid.
Deshalb ein guter Tip: Cave malum! Oder eben: Beiss nicht
gleich in jeden Apfel…

Als Zarah noch im Küchlin sang…

In Basel ist Kiechli-Saison. Erstens baden die Fasnachtskiechli im heissen Fett. Zweitens ist die Situation dieser Stadt immer verkiechlet. Und drittens feiert das Monstre im Kiechli seinen 70. Geburtstag – oder anders: vor 70 Jahren ist das Monstre von der Burgvogtei ins Küchlin-Theater umgezogen. So weit. So gebüldet. Und geschichtlich einwandfrei.

Meine ureigenen, zarten Basler Kiechli-Erinnerungen gehen in die jüngste Kindheit zurück. Damals war das Küchlin ein Theater. Rudolf Bernhard spielte. Und Zarah Leander gastierte – die Leander war zu jener Zeit der grosse Star. Tout Bâle soll ihr zu Füssen und am Busen gelegen haben.

Tatsache ist, dass auch unser verstorbener Photograph Hans Bertolf die Leander in jungen Jahren im Küchlin aufs Bild geknallt hat. Später, als die Diva ihre berühmten Abschiedsvorstellungen gab, haben wir sie in der Fauteuil-Garderobe besucht. Sie war schon recht schwierig, und auch recht schwer. Ich machte ihr Komplimente, versuchte, sie «aufzutauen» – nach einer halben Stunde war sie dann soweit, dass sie «auspackte» (nicht wörtlich zu nehmen).

Sie wollte eben von ihren Bühnen-Episoden erzählen, als Hans Bertolf in die Garderobe donnerte: «Hallo – Frau Leander! Da sind wir ja wieder. Das letzte Mal war's vor einem Vierteljahrhundert – hoho! Wir sind beide nicht jünger geworden…»

Dann zückte er ein altes Photo von ihr aus der Brieftasche: «Da habe ich Sie doch im Küchlin-Theater aufgenommen…» Die Diva sagte keinen Ton. Sie schaute nur immer in den Spiegel. Schliesslich legte ihr Hans Bertolf das Photo auf den Schoss – sie drehte sich leicht um, zeigte zum Ausgang und zischte: «Das bin ich nicht – adieu!» Damit war das Interview fertig. Und Hans Bertolf auch.

Grossmutter hat mich stets ins Küchlin-Theater mitgenommen. Ich habe hier «Marvelli» gesehen, wie er einen blauäugigen Elefanten – hokus pokus! – von der Bühne zauberte (und wegen diesem Elefanten besitzt das Küchlin noch heute die grosse Elefanten-Treppe, welche auf die Bühne führt). Ich habe den HD-Läppli erlebt, wie er eine hochschwangere Frau derart zum Lachen brachte, dass diese eine halbe Stunde später ihren Bub zur Welt brachte. Oder ich erinnere mich an die «Blue-Bell-Girls», welche – im Stil der Folies Bergères – die verrücktesten Tanz-Bilder zeigten. Mutter ist fast das Herz stillgestanden, als sie hörte, dass meine Grossmutter mich in diese Revue mitgenommen hatte: «Wie konntest du auch – man weiss doch, was diese Damen für welche sind. Das Kind hat bestimmt einen ethischen Schaden erlitten...»

Grossmutter blieb ungerührt: «Es wird auch darüber hinwegkommen...»

Und das Kind ist darüber hinweggekommen.

Eines Tages haben sie auch «Wilhelm Tell» gegeben – die Schauspieltruppe aus Bern war's. Und diesmal hatte Mutter nichts dagegen, weil sie den Tell pädagogisch wertvoll fand. Mitten in der Vorstellung musste ich aber – der Sturm auf dem See und das ständige Gewitter hatten Reaktionen in mir ausgelöst.

Grossmutter seufzte: «Ausgerechnet jetzt, wo er den berühmten Sprung macht...» Aber schon irrten wir in den Hintergängen des Küchlins herum. Und suchten das Örtchen.

Wir kamen an Garderoben und Ställen vorbei – da stand gar ein Pferd, das der Gessler für seinen Auftritt geritten hatte. Kisten lagen herum, aber nirgends eine Spur des Örtchens. Schliesslich durchquerten wir einen dunklen Gang, kletterten eine Stufe empor und hörten gerade: «Durch diese Gasse muss er kommen...»

In diesem Moment donnerte wilder Applaus auf uns zu, Scheinwerfer blendeten, und das Publikum johlte vor Vergnügen – Grossmutter klopfte dem Tell auf die Schultern: «Sagen Sie, mein Lieber – wo ist denn hier das Örtchen?»

Daraufhin fiel der Vorhang, und der Tell wäre auch fast gefallen. Wir wurden schleunigst von der Bühne bugsiert – das Örtchen haben wir nicht gefunden. Es wäre sowieso zu spät gewesen.

Und wenn nun diese Woche die Cliquen auf diesen ehrwürdigen Brettern stehen, wenn ich sie da jubilieren und ruessen höre, lächle ich leise himmelwärts: «Ganz nett – aber unser Auftritt bleibt ungeschlagen!»

Abführen statt abfahren

Vaters Führer-Position hob unser Ansehen. Rosie wurde die «Bimmel-Prinzessin» genannt. Mich riefen sie den «Sechser-Prinzen». Und immer wenn wir an einer Haltestelle auf den grünen Schlitten warteten, tippten die Trämler an ihre Mützen und gingen an die Schellen.

«Grüsst stets freundlich!» trichterte Mutter uns jeden Tag ein, «es heisst so schon, unsere Familie sei grössenwahnsinnig…»
Und Grossmutter doppelte nach: «Ja, wo der -minuli stets so seltsam läuft… die Leute reden schon!»
Dann machten wir uns aus dem Staub. Und grüssten artig Basels Trämler.
An heissen Tagen bereitete Mutter Lindenblütentee zu: «Damit deine Kollegen hinter der heissen Scheibe eine Abkühlung haben…», erklärte sie Vater.
Dieser war gegen den Lindenblüten-Saft. Er zog die Gerste vor. Wagte aber keine Einwände: «Wenn du meinst, Lotti…»
Und so wurde der Kübel mit dem gekühlten Tee auf den Leiterwagen geladen: «Da sind Plastikbecher – und passt auf, dass ihr nichts verschüttet!» Wir ratterten also zur Schifflände.
Unterwegs hielt uns eine nette Dame an: «Ei – gekühlter Lindenblütentee. So eine Köstlichkeit. Was kostet denn so ein Becher?»
Der Teufel muss sie uns vorbeigeschickt haben. Wir erlagen der Versuchung: «20 Rappen – den Becher können Sie dann behalten», soweit Rosie. Nach 10 Minuten blühte das Geschäft. Die Leute wollten alle Lindenblütentee. Und wir überschlugen in Gedanken unsere Einnahmen: drei Mickey Mouses, zwei Stangen Tiki-Limonade und 30 Fünfer-Bölle lagen schon drin…
Nachdem uns das Schicksal den Teufel der Versuchung vorbeigeschickt hatte, schob es gleich noch Dora Muff nach. Das war eine arge Prüfung. Sie rümpfte die Nase: «Lindenblütentee verkaufen – und so etwas wohnt mit mir in derselben Strasse! Typische Trämler-Balgen, die ihr seid…!»
Dora Muff ärgerte es nämlich sehr, wenn die Trämler nur uns grüssten. Und sie überhaupt nicht beachteten. Sie war in der

Phase, wo sie sich für unwiderstehlich hielt – dabei war sie bloss unausstehlich.

Zu Hause wurden wir von Mutter säuselnd empfangen: «Was haben denn die durstigen Trämler gesagt?»

«Sie lassen herzlich danken – es sei eine schöne Geste…», salbte Rosie drauflos.

«… und du hättest doch immer die besten Ideen!», legte ich noch etwas nach.

Dann knallte es Ohrfeigen: «Ins Bett – marsch. Ohne Essen! – Dora Muff hat mir alles gesagt!»

Diese blöde Rätsch-Kuh!

Am andern Tag wurde wieder Tee gebraut. Dora erschien im weissen Spitzenkleidchen. «Sie wird an die Trämler meinen Tee ausschenken…», erklärte Mutter. «Dora freut sich über so eine verantwortungsvolle Aufgabe!»

Tatsächlich glänzte ihr Gesicht vor Grössenwahn. Sie hatte sich gar die Lippen mit Chicorée-Papier gefärbt und flötete: «Ich will mir Mühe geben als Tram-Prinzesschen…»

«Tram-Prinzesschen!!», höhnte Rosie, «Schienen-Kuh wäre treffender!»

Dann gingen sie einander in die Haare, und der Lindenblütentee schwappte fröhlich im Kübel. «Der versalze ich die Prinzessin aber gehörig!», funkelte Rosie mit schwarzen Augen. «Hol mal das Abführsalz von Grossmutter…»

Wir würzten den Tee damit. Lösten noch ein paar Pillen von Pfarrer Kneipp darin auf. Und liessen die ahnungslose Dora ziehen. Wie Königin Mutter stand sie an der Schifflände, lächelte den Trämlern verführerisch zu und streckte ihnen den Plastikbecher mit dem Abführtee entgegen. Die meisten stürzten den Tee in ihrem Heissdurst herunter, bekamen plötzlich Stielaugen und flüsterten: «Ums Himmels willen – der ist ja gesalzen!»

Einige konnten den letzten Schluck noch ausspeien – doch nur wenige. Um sechs Uhr abends ist der Tram-Verkehr der Stadt Basel zusammengebrochen – die Tramführer litten an Magenkrämpfen. Die Direktion dann auch…

Noldi Diriwächter verewigte unsern Streich in der damaligen National-Zeitung – unter dem Titel: Abführen statt abfahren.

Natürlich kamen wir wieder ins Bett. Aber die Trämler sind künftig Dora Muff stets vor der Nase weggefahren. Das war die Sache schon wert…

Paris und oh, là là

Unser Kindertraum hiess Paris. Schuld war der Vater. Denn wenn er von Paris erzählte, das er mit dem Trämler-Kegelclub besucht hatte, glühten die Augen und tropfte die Nase.

«Paris – oh, là là!», schnalzte er genüsslich mit der Zunge. Und: «Scholli fill pür mässiös!»

«Dein Französisch hören und leiden, Hans, Hans...», rümpfte Mutter die Nase.

«Oh, die haben mich sehr gut verstanden», trumpfte Vater auf, «im Moulin Rouge haben sie mich gar auf die Bühne geholt und...»

«Pas devant les enfants», zischte Mutter.

Aber es war zu spät – «oh, là, là» und «Moulin Rouge» hatten uns bereits betört. Unser Reiseziel war klar: Eiffelturm.

Der erste Trip – wir zählten kaum zehn Lenze – schlug allerdings fehl. Rosie hatte sich für die Sommerferien den Autostop in den Kopf gesetzt: «Wir gehen bei Bourgfelden heimlich über die Grenze – dann stoppen wir. Ist gar kein Problem.»

War's auch nicht. Herr Emmenegger, der Grenzbeamte kannte uns nämlich, weil wir einen Gemüsegarten bei der Kiesgrube hatten.

«So so, nach Paris», nickte er. «Jawohl – zu ‹oh, là, là› und Moulin Rouge», freute sich Rosie.

«Aha – oh, là,là!», sagte auch Herr Emmenegger. Dann rief er unsere Eltern an. Und schon ging das «oh, là, là» wieder los. Wir wurden auf der Stelle nach Adelboden spediert, wo Kühe das Moulin Rouge und das Kuonisbergli den Eiffelturm ersetzen sollten.

Mit vierzehn Lenzen half die Franzi-Note 2 sowie die daneben gekritzelte Bemerkung «ist bei ‹oh, là, là› steckengeblieben» meinem Pariser Wunsch nach: «Das Kind muss in einen Sprachkurs – die organisieren da in Paris solche Stunden während der Sommerferien...», soweit meine praktische Mutter.

«Ich fahre ihn hin», soweit mein praktischer Vater.

Und «oh, là, là!», meine skeptische Grossmutter.

Herr Georges, eigentlich unser Geographie-Lehrer, konnte

den Kurs nur empfehlen: «Die Buben wohnen in einem kleinen Hotel – morgens haben sie Schule. Mittags Hausaufgaben. Madame Rose wird sie betreuen – eine reizende Dame...»
So wurde ich am Bündelitag beim Elsässer Bahnhof in den Zug verfrachtet. Hugo Knöpfli von der 3b war auch mit von der Partie. Er hatte im Franzi eine blutte 1 und die Bemerkung «hoffnungslos» – unsere Eltern winkten ihre Taschentücher aus, vereint in der Hoffnung, Paris werde Wunder wirken.
Paris wirkte Wunder. Als wir ankamen und dem Taxi-Chauffeur bei der Gare de l'Est die Adresse «Rue Frochot nöff» bekanntgaben, stierte der grosse Augen.
Das Empfangscomité konnte sich sehen lassen: Ein halbes Dutzend nette Damen standen vor dem Hotel-Eingang und winkten mit den Täschli. Hugo kippte fast aus dem Wagen: «Hast Du gesehen – bei der dort platzt demnächst die Bluse.» Mich liess das Ganze eigentlich kalt. Ich war nur gespannt auf «oh, là, là». Und «Moulin Rouge».
Madame Rose war ein Sammelpaket von Puder, Parfüm und Lippenstift. Sie nannte uns «mes petits messieurs», vergrub unsere Köpfe in ihren Busen und tat auch sonst sehr mütterlich.
Dann durften wir in ihrer guten Stube Pfefferminz-Likör trinken und Gespräche mit ihren «demoiselles» führen: «Ce sont les maîtresses», erklärte sie uns. Und nach dem dritten Glas Likör redeten wir französisch, dass es eine Freude war.
Leider waren Hugos Briefe, die er über die Schule nach Hause schrieb, etwas zu enthusiastisch. Frau Knöpfli rief meine Mutter an. Dann hielten sie im Café Spillmann Kriegsrat. Und beschlossen, dem «oh, là, là» und den «schönen Professorinnen» selber auf den Grund zu gehen.
Als wir nun mitten bei Pastis und einer Französisch-Stunde für Fortgeschrittene waren, erschien die dumme «Françoise», der Trampel für alles, der bei Madame den Empfang erledigte, und erklärte verzweifelt: «Il y a deux folles, Madame...»
Unter der Tür fuchtelte Frau Knöpfli und meine Mutter. Madame hauchte nur «mon dieu» – doch Mutter überschrillte alles: «Sofort packt ihr die Koffer – sofort! Wenn das mein Mann hier sehen würde, der...»
Aber Vater schmunzelte nur «oh, là, là», als er die Geschichte serviert bekam.

Das Moulin Rouge habe ich erst viele Jahre später gesehen.
Der Rest der Ferien war wieder Adelboden. Und das Kuonis-
bergli.
Die nächste Franzi-Note wurde allerdings eine 4. Mit Bruno
Mayrs schriftlicher Bemerkung: «Hat Fortschritte ge-
macht...»

Ode an den Zürcher Böögg

Montag. Doch kein gewöhnlicher Montag. Früh morgens schon lassen sie den Sächsilüüte-Marsch von den Radio-Plattenrillen marschieren. Und: «Mer göhnd no lang nöd hai, es isch no lang nöd zwai...»
Der Bebbi wirft das Kopfkissen über die Ohren und stöhnt: «Oh nein – bitte nicht!» Dann wird er ohnmächtig.
Ich nicht. Ich liege mit etwas verträumtem Lächeln in den Federn. Und meine Gedanken wandern nach Zürich – zur Zunft zu Wollishofen.
«Zoift» – so hat mir der zünftige Meister erklärt. «Bi öis haisst's Zoift.» Oder anders: Die vornehmen Zürcher sind «zoiftig». Die andern sagen «zünftig». Und das Ganze erinnert uns Basler an die «Spargeln». Und die «Sparse».
Karl Lüond vom Züri-Leu hat mich angerufen: «Also ich besorge dir eine Einladung bei den Wollishofern. Dann kannst du alles hautnah erleben. Und zieh' dich anständig an...»
Schnell gesagt. Das «Anständige» platzte aus allen Nähten. Und als Hut war da nur ein Ungetüm, den Linda stets als «den grauen Kannenwärmer» in die Altstoffsammlung mitgeben will.
Entsprechend reagierten die Wollishofer: «Nichts für ungut – aber wir müssen Sie ein bisschen ‹ummodeln›.» Dann schmückten sie mich wie einen Ackergaul am Frühjahrskorso mit Blumen. Oben kam ein Filzschäpper drauf: «Dasch de Zoift-Huet.» Aber die hatten nicht mit der Basler Rübe gerechnet. Zürcher Köpfe sind kleiner. Wir Basler sprengen da alle Rahmen. Oder anders: Der Zoift-Huet auf meinen Gekrausten sah aus wie ein abgebrochenes Basis-Lager auf dem Monte Rosa.
Sie tränkten mich mit Weissem und klopften mir strahlend die Schultern durch: «En Basler bi öis – dasch dänn de Plausch!»
Später, beim Mittagessen an der Bahnhofstrasse, sind Reden gefallen. Und die Pointen flogen. Spritzige Pointen. Wenn wir ehrlich sind: kein einziges Mal auf Kosten von Basel. Ich habe an unsere Fasnacht, an die verschiedenen Zürcher-Värs gedacht – und mich leise geschämt.

Schliesslich mussten wir uns für den Umzug aufstellen. In Zürich heisst der Cortège nämlich Umzug. Die Leute kaufen sich einen Sitzplatz auf den schmalen, langen Bänken an der Bahnhofstrasse oder am Seeufer. Sie bekommen ein Programm in die Hände gedrückt. So weiss jede Frau, wann ihr «Zoiftiger» vorbeimarschiert.

Gefällt ihr einer ganz besonders, drückt sie ihm einen Blumenstrauss in die Hände. Und der bedankt sich mit zwei Schmütz. Es gab Frauen, die sind mit einem ganzen Blumenladen anmarschiert. Nach drei Stunden war ihr Make-up weg, der Blumenkorb leer – und das Herz übervoll.

Die Ehrengäste laufen der Zunft voran. Ich war eine Handbreit hinter der ausladenden Ansicht von fünf Zunftpferden. Jede Zunft hat Pferde. Und alle Pferde gehen auf den Zunft-Umzug. Die Ernte war enorm. Man könnte das ganze Seeland damit einmisten. Entsprechend schwierig war das Marschieren in solcher Rossmist-Landschaft. Man tänzelte immer um die herunterplumpsenden Äpfel herum – dann und wann rief eine Frau «Juhuuu». Man schaute zu ihr hin und steckte auch schon im frisch Dampfenden...

Links von mir (ein Zürcher Regierungsrat) und rechts von mir (Ueli Beck) kamen sie aus dem Verschmutzen gar nicht mehr heraus. Die beiden Herren ähnelten einer wandelnden Abdankung – vollbesteckt mit Blumen und Kränzlein.

In der Mitte: ich. Natür. In der Hand eine Nelke, die jemand verloren hatte. Ein einziges Mal ist eine Frau mit einem Rosen-Bouquet auf mich zugesegelt: «Pots Chaib – chunnsch ändligg?!» Dann riss sie mir erschrocken den Blumenstrauss wieder aus den Händen: «Du bisch jo gar nöd de Wysel Gyr!!» So war auch noch die Nelke geknickt.

Schliesslich versammelten sich Zunft und Ehrengäste vor dem Böögg. Die «Zoiftigen» diskutierten heftig über ihn: «Also dieser Kopf... der jagt mich nicht vom Stuhl... und dann die Unterpartie – höchst explosiv...»

Dann wurde der Scheiterhaufen angezündet und erinnerte ein bisschen an Jeanne d'Arc. Die Pferde drehten ihre Runden – diesmal im Galopp und ohne Dampfendes. Schon knallte der erste Schuss. «Rübe ab!», brüllte die Menge. Jetzt explodierte das arme Wattemännchen. Und alle waren ausser sich: «De Böögg verbrännt...»

Als ich also an diesem Montag im Bett lag, wie da der Sächsilüüte-Marsch ertönte – da war fast ein bisschen Heimweh.
Auf der Zeitung haben sie gesagt: «Hast du gehört – der Sächsilüüte-Marsch, hoho! In Zürich wird gebögt – hähä!
Das schönste an Zürich ist die Toleranz.

Wenn Schnarcher das Sägen haben...

Unsere Familie gehört zur Gattung der Schnarchel-Tiere. Alle fortissimo. Bei verschiedensten Hotels der zweiten und dritten Kategorie stehen wir bereits auf der schwarzen Liste. Denn wo unsere Familie hinschläft, bleibt kein Auge zu.

Fahren wir bei einem Hotel vor, bestellen wir alle Einzelzimmer. Wohlweislich. Wir wissen, was uns blüht.

Spätestens um drei Uhr morgens klopft der Nachtportier an unsere Türen und zischt: «Sofort bringen Sie die brünstigen Elefanten wieder ins Auto zurück – die andern Gäste haben sich bereits beklagt!»

Es sind aber keine brünstigen Elefanten. Es ist nur Vater nach viermal einem halben Roten. Der ölt ihn so fein. Und er fährt ab wie eine ganze Ladung Schnorchel-Schweinchen...

Als man mich rundig und pfundig von Mutter entband und der Sitte gemäss meinen Allerwertesten beklopfte, wollte ich nicht schreien. Da kam einfach so ein Schnorchel-Schnarchel-laut. Die Hebamme hätte mich beinahe wieder zurückgeschickt, aber Mutter winkte seufzend ab: «Lassen Sie nur, Schwester – es ist schon recht. Es liegt bei uns in der Familie...»

Dann untersuchte sie sofort meine Ohren und schaute, ob man bei der neusten Generation die Ohrpfropfen schon eingebaut hatte...

Am zünftigsten hatte es zweifellos Grossmutter (Vaterseite) in sich. Sie beschränkte ihr Schnarchen nicht nur auf das dumpfe Donnern durch die Nasenflügel, sie nahm für ihre persönliche kleine Nachtmusik auch die Lippen zu Hilfe, indem sie diese beim Ausatmen wie Unterhosen im Sturmwind flattern liess.

Immer wieder erzählte Mutter die Geschichte, wie sie als brave Schwiegertochter die ältere Dame ins Hotel zu Herbstferien eingeladen hatte. Aus baslerischen Sparsamkeitsgründen nahm sie ein Doppelzimmer und wünschte ihrer Schwiegermutter «gute Nacht»:

«Kaum hatte ich das Nachttischlämpchen gelöscht, ging die gute Nacht auch schon los... Donnern und Tosen, ein Schütteln und Röcheln, ein Grunzen und Zischeln. Ich habe sie dann sanft in die Seite gestupft, aber so etwas hat sie nur noch animiert. So bin ich zehn Stunden wach im Bett gelegen – natürlich habe ich ihr kein Sterbenswörtchen gesagt. Schliesslich wollte ich einen guten Eindruck schinden. In unsern Kreisen galt Schnarchen als höchst undamenhaft. Aber als deine Grossmutter dann bei der dritten Tasse Frühstückskaffee kauend erklärte, sie habe die ganze Nacht kein Auge zugetan, habe ich ihr sofort ein Einzelzimmer bestellt, und zwar in einem andern Hotel!»

Ich bin rund um Schnarcher aufgewachsen. Mein ganz persönlicher Ohrwurm heisst Ohropax. Und ich schlafe prinzipiell nur noch in Hotels mit schalldichten Zimmern.

Nun bin ich mit einem Professor der Anästhesie in die Ferien gefahren. Der Professor ist das wandelnde Werbepaket für einen gesunden Tiefschlaf. Man hörte ihn durch drei geschlossene Räume.

Das Ferienhaus lag in einem Pinienwald – am Morgen waren die Bäume gesägt. Vorsichtig versuchte ich beim Frühstück, das Thema der Schnarcherei anzupeilen – der Professor dozierte noch so gerne: Irgendwelche zarte Häutchen hinten bei den Mandeln würden vibrieren. Und das verursache dann diesen etwas störenden Laut... Beim Professor müssen diese Häutchen zwei Flundern-Filets sein – bei so viel Phonen! Immerhin – wir beschlossen zu schweigen. Und weiter zu leiden.

Doch justement am dritten Tag, als ich schon ganz durchnächtigt zum Frühstück erschien, brummte der Anästhesist: «Jetzt sind wir schon drei Nächte hier, und ich habe noch keine Sekunde ein Auge zugemacht...»

Habe ihm daraufhin auch ein Hotelzimmer bestellt.

Gelernt ist gelernt.

Herrenfasnacht mit Folgen

Mutter hielt nichts von Fasnacht. Und auch Vater hielt herzlich wenig davon. Seit ihn die Olymper allerdings durch eine göttliche Fügung in die Mitte ihrer Vorreiter aufgenommen haben, hat er natürlich die Fasnacht erfunden. Aber erst kürzlich hat mich Barbara, meine Jugend-Kollegin aus der Lälli-Clique, wieder daran erinnert: «Weisst du noch, dein Alter?! Du musstest am Abend immer um zehn Uhr zu Hause sein. Und selbst als die ganze Clique deinem Vater eine Stunde abbetteln wollte, blieb er stur wie die Schienen des Dreier-Trams.»

Stimmt. Steinhartstur.

Mein einziger Trost war stets Tante Dildi. Sie hat vier Ehemänner begraben und ist wohl die lustigste Witwe, seit es Operetten gibt.

Tante Dildi genehmigte gerne hin und wieder einen. Deshalb machte sie in der Familie nur leise und meistens durch die Nase als «Dussel-Dildi» die Gesprächsrunden.

Kurz vor der Fasnacht war Dildi kaum mehr zu halten. Sie war eine Meisterin der Intrigierkunst. Und meine Grossmutter hat immer wieder mit spitzer Zunge behauptet, nur dank der Fasnacht sei es ihrer Schwester gelungen, vier Ehemänner vor den Altar zu schleppen. Die Männer hätten gar nicht richtig kapiert, wie ihnen geschah – schon wäre ihnen Dildi am Hals gehangen, und sie hätten «ja» gesagt.

Als Tante Dildi dies zu Ohren kam, schrieb sie Grossmutter einen kurzen Brief: «Liebe Schwester – wie ich gehört habe, bist Du dem Larven-Tschudi Modell gestanden. Ich weiss ja, dass man an einer Fasnacht die Leute zum Lachen bringen soll – aber gleich erschrecken?»

Damit war das verwandtschaftliche Trommelfell für immer geplatzt.

Selbstverständlich galt nun Tante Dildi als «Person». Wir Kinder durften sie nicht mehr besuchen. Nur noch schreiben. Aber natürlich kümmerten wir uns einen Dreck drum. Jeden freien Samstag suchten wir die Tante in ihrem Haus im Santihans-Quartier auf. Und liessen uns von ihrer Haushälterin,

der dicken Ella, mit badischen Kartoffelpuffern bombardieren. Dazu gabs fette Apfelschnitze, die mit Zimt überstreut worden waren. Und heisse Speckwürfeli.

Als wir nun auch wieder einmal an einem Samstag vor der «Herrefasnacht» bei der Tante aufkreuzten, zauberte sie zwei kleine Wachs-Waggis-Larven hervor: «So – morgen gehen wir nach Allschwil und machen beim Umzug mit. Wir nehmen den alten Leiterwagen. Ihr setzt euch hinein – und ich stosse das Ganze als Alti Dante durchs Gewühl. Abgemacht?!»

Es wurde eine prächtige Allschwiler Fasnacht. Wir verteilten Dääfi und Orangen, manchmal stopften wir offene Münder mit Räppli. Es war ein Riesenspass.

Bei der 6er Endstation schliesslich, wo der ganze Umzug kehrt machte, gingen wir abends ins «Rössli».

«Die Larve nie abnehmen», mahnte Tante Dildi. «Wir verlangen Röhrlein…»

In der Beiz herrschte reger Betrieb, und inmitten der lachenden und singenden Menge entdeckten wir auch einen Trämlerhut: Vaters Trämlerhut.

Wie eine Wespe surrte Tante Dildi auf ihn los, intrigierte ihn mit spitzer Zunge und lud sich selber schliesslich zu einem Zweierli «Gspritzte mit Röhrli» ein.

Vater fing natürlich sofort Feuer. Später tanzten sie zusammen – «geht jetzt heim!», flüsterte uns Tante Dildi zu, «der hat euch zum letzten Mal um zehn Uhr den Zapfenstreich geblasen…»

Am andern Tag erschien Vater etwas übernächtigt am Zmorgetisch. Mutter schaute argwöhnisch, doch er bruddelte von «Überstunden». Und «einen Kollegen ablösen».

Als er sich zur Arbeit aufmachen wollte, suchte er seinen Trämlerhut. Umsonst. Grossmutter schickte vielsagende Blicke. Und Mutter sagte einiges – auf französisch.

Tante Dildi brachte uns die Deckelmütze vor die Schule: «Die gebt ihr eurem Alten – und wenn er euch an Fasnacht nicht länger als zehn Uhr abends mitpfeifen lässt, sagt ihr einfach: Der Hut hat noch einige Geheimnisse ausgeplaudert…»

Als wir Vater den Hut überreichten, wurde er bleich.

«Von wem habt ihr den?»

«Von einer alten Tante», sagten wir. Und das war nicht gelogen.

Rosie bohrte in der Nase und meinte scheinheilig: «Sie hat uns ein paar lustige Sachen erzählt... ich habe stets gemeint, du machst dir nichts aus Fasnacht? Wann müssen wir übrigens an den drei Tagen zu Hause sein?»

«Gemeine Erpresserbande!» brüllte unser Erzeuger. Da erschien Mutter unter der Türe: «Was ist denn hier los?»

Vater schaute unsicher auf uns: «Ach gar nichts – ich glaube, wir werden den beiden da die Ausgehfrist der Fasnacht bis Mitternacht verlängern...

Morgestraich und Ladärnespannerli

Mit dem Morgestraich ist das so eine Sache. Bekanntlich findet er am Morgen statt – deshalb heisst's auch «Morgestraich».

Rein zeitungstechnisch wäre uns der Nachmittagsstraich natürlich lieber. Aber man soll sich nicht quer zu Traditionen stellen. Also lassen wir's bei vier Uhr in der Früh. Und bei Affenkälte.

Dieser unchristlich frühe Zeitpunkt schafft Zeitungsmachern also einiges Kopfzerbrechen. Wie bedienen wir unsern Leser mit aktuellen Berichten über Laternensprüche und Seitenwandverslein, über Temperaturen (meistens: «kalt, aber scheen») und Publikumsanmarsch (Standardtitel: «Druggedde uff em Märt»)? Man muss sich vorstellen, dass der verwöhnte Leser sein Blatt spätestens um sechs Uhr (meist früher) in seinem Briefkasten wünscht. Der Morgestraich beginnt jedoch um vier Uhr. Die Sache muss geknipst, geschrieben – die Photos entwickelt, der Bericht redigiert, dann clichiert und gedruckt, schliesslich noch verpackt und vertrieben werden. Alles in knapp einer Stunde. Praktisch ein Ding der Unmöglichkeit...

«Es gibt kein Ding der Unmöglichkeit», brüllte Onkel Fritz, als er mich eines Tages in sein Büro holen liess. «Du wirst diesen Morgestraich-Bericht um halb fünf Uhr abgeben – wichtig sind ein paar Pointen, die zünden... das Wetter... die Leute... ach, du kennst doch den alten Quatsch. Es ist immer dasselbe...»

Soweit Onkel Fritz. Kein Fasnächtler.

In der Praxis hiess das: Um drei Uhr an den Morgestraich gehen, von einer Laterne zur andern jagen und Sprüchlein abschreiben. Dann sich durch die Menge durchkämpfen – den Vier-Uhr-Schlag auf dem Heimweg erleben. Und rasch, rasch 30 Zeilen in die Maschine jagen. Schliesslich abgeben – und sich fühlen, als wäre man durch das Jammertal gezogen: ausgelaugt und leer.

Das wollte ich nicht. Überhaupt wollte ich am Morgestraich nicht schreiben. Also kam ich auf die Idee des Vor-Berichtes, eine einfache Idee. Aber sehr wirksam: Ich besuchte (und besuche noch heute) fünf Tage vor dem Morgestraich die verschiedenen Laternenkünstler, bewundere ihre Prachtslampen und geniesse die zündenden Sprüchlein in aller Ruhe.

Schliesslich hocke ich mich am Samstag vor dem grossen Ereignis an die Schreibmaschine – und lege los. So ist der Bericht am Sonntag ausführlich geschrieben. Und ich geniesse am Montag um vier Uhr, wie die Lichter ausgehen...

Von diesem Vorschlag war damals selbst Onkel Fritz überwältigt: «Wenn du das kannst – aber wehe, wenn das jemand merkt...»

Natürlich merkte es jemand. Ich hatte nämlich die Temperatur und das Wetter vergessen. Das gab zünftig Stunk – also baute ich im zweiten Jahr einen Schreiber ein, der lediglich noch die Temperatur und den Sternen- oder Regenhimmel einzusetzen hatte.

Auch das lief grossartig.

Bis zu jenem Jahr, als die Zeitung mit dem Morgestraich-Bericht zu früh aus dem Hause vertrieben wurde. Den Besuchern der Extra-Morgestraich-Züge leuchteten bei der SBB-Unterführung bereits um drei Uhr Plakate entgegen «Morgestraich – wie noch nie!»

Interessiert begannen die Extra-Zuzügler aus Bern und Zürich in der Zeitung zu blättern. Und lasen vom herrlichen, aber kalten Morgestraich – nur dass dieser eigentlich erst in einer Stunde beginnen sollte.

Damals wurde ich vor die Chefredaktion zitiert. Man sagte mir Unschönes. Wusste aber (typisch für alle Chefredaktionen) auch keine bessere Lösung.

So kommt es, dass wir den Morgestraich noch immer vorschreiben. Allerdings unter dem Titel:«Ladärnespannerli». Es hat sich nämlich ganz plötzlich so ein kleines Basler Mimpfeli entwickelt, eine Tradition, die am Mittwoch vor Fasnacht über die Bretter geht: Die Journalisten der Umgebung treffen einander im Kleinbasel. Dann ziehen wir los – von Atelier zu Atelier, von Lampe zu Lampe, von Flasche zu Flasche. Wir notieren Pointen und freche Verse, Sujets und die Erklärungen des Cliquenkünstlers, was er mit seiner Prachtslaterne aussagen will.

Dieses Ladärnespannerli ist zu einem Gutzi der Vorfasnacht

geworden – allerdings nur für eingeweihte Kreise. Das Resultat lesen Sie dann im Montagsblatt, zwei Stunden nach dem Morgestraich. Oder eben dann, wenn Sie den Kopf schütteln. Und sich fragen: «Wie haben die das nur so schnell ins Blatt bringen können... ?»

Grosser Ärger mit kleinen Larven

Mein erstes Larven-Trauma erlebte ich mit drei Lenzen. Seltsamerweise ist es eine der wenigen Episoden während dieser Früh-Phase, an die ich mich noch erinnern kann.

Der Cortège zog damals noch an der Heuwaage vorbei. Mutter nahm mich zum ersten Mal mit. Und eben als die ersten Cliquen anmarschierten, als mich dieses Trommel- und Pfeifkonzert traurig machte, da tauchte auch ein Waggis auf. Einer der alten Schule. Er intrigierte, hatte einen riesigen Zinggen und ging wild fuchtelnd auf die jüngeren Frauen los.

Als das starre Riesengesicht auf meine Mutter zuwackelte, geriet ich in Panik, schrie wie am Spiess und wollte sofort nach Hause. Der Waggis versuchte mich mit Orangen und «Dääfi» zu bestechen. Umsonst. Mutter brachte mich wieder heim und seufzte (etwas erleichtert): «Also ein Fasnächtler gibt das nie...»

Der Seufzer kam in die Sparbüchse – und war verfrüht. Zwei Jahre später, im Kindergartenalter also, war klar: Ich wollte Fasnacht machen. Und ich wollte ein Kostüm.

Mutter blätterte Schnittmuster-Hefte durch. Ich wäre gerne eine Blumenfrau à la Zürcher Sächsilüüte gewesen. Aber «das dann doch nicht!», sagte Mutter und suchte sich einen «Mandarin» aus, weil der einfach zum Schneidern war: Ein nachthemdähnlicher Rock aus schwarzem Satin. Ein Sonnenhut, flach, der mit demselben Stoff überzogen wurde. Und violette Bordüren – fertig.

Nun kam das Problem der Larve. Mutter ging mit mir zu «Knopf». Da hingen sie alle an einer Wand – alte Tanten, Waggis, Buuredötsch. Beim Anblick der grossen, cachierten Köpfe bekam ich wieder Panik: «Keine solche... das dort!»

Ich zeigte auf eine Halblarve. Glänzender Satin in Rosa. Mit Fransen über dem Mund.

Mutter war leicht verunsichert – Fasnachtsdinge haben sie ein Leben lang verunsichert, weil sie gar nichts von diesem Mummenschanz hielt: «Das ist doch nur so ein Fünfrappen-Lärvli. Die andern werden dich auslachen. Das trägt man in Basel nicht...»

Falsch. Ich trug es. Und fühlte mich unter der Larve wohl.

Ein Jahr später kam ich dann zur Lälli-Clique, Binggis-Abteilung. Ich durfte im Vortrab mitmarschieren. Und Dieter Muchenberger fragte mich: «Hast du eine Larve für den Morgenstraich?»

Ich erwähnte das Halblärvli. Er schickte Blicke himmelwärts. Ich war sonst schon eine zünftige Nervensäge: «Also das geht nicht! Es muss eine richtige Larve sein. Sag' das deinen Eltern!»

Mutter, die seit jeher dagegen war, dass ich Piccolo lernen würde, nervte sich zünftig: «Was die denken! Das kostet ja ein Vermögen. Und alles nur für den Morgenstraich – also wirklich!» Dann rief sie Ernst Isch an. Ob er nicht irgendwo noch eine alte habe...?

Nun haben verdiente Fasnächtler stets ein Sammelsurium an Zugslarven. So auch Ernst Isch. Weil er mir aber eine besondere Freude machen wollte, lieh er mir den cachierten Kopf eines Nilpferdes. Er wog etwa acht Kilo, hätte jedem Tambourmajor Ehre gemacht und sollte mein Kinderherz erfreuen.

Als ich dann an meinem ersten aktiven Morgenstraich vor dem Goldenen Sternen das Nilpferd überstülpte, wurde es Nacht. Ich sah gar nichts. Die Augenschlitze waren an meinem Scheitel – so torkelte ich verdunkelt ins Dunkle. Immerhin – die Sache muss ein riesiger Succès gewesen sein: Die Leute am Strassenrand zeigten entzückt auf die kleine Figur mit dem Riesenkopf: «Nai, wie nuggisch!»

In der Freien Strasse fiel ich dann über den Trottoirrand, und aus war's mit Morgenstraich. Und mit Fasnacht. Mein Bein schwoll an wie die Halsader des Zugführers: «Mit dir muss man sich ja schämen...!»

Später habe ich mich an die «grossen Larven» gewöhnt. Und doch – wenn ich in Rom bei einem Larvenkünstler diese kleinen, zarten Arlecchino-Masken sehe, kann ich nicht widerstehen. Tanze ich damit am Morgenstraich im «Schlüssel» an, bekommen die Damen unserer pfeifenden Zunft Zustände: «Ums Himmels willen – da kannst du dir ja gleich nur ein Schönheitspflästerchen aufmalen...»

Es ist nicht der Kopf, der zählt. Es ist die Maske, die das wahre Gesicht verbirgt...

Ein Faible für Puppen...

Als die Familie zu meinem vierten Geburtstag jubelnd zusammenkam, hielt Vater mir strahlend ein Paket hin: «Hier mein Sohn – das ist der Grundstein zu deiner späteren Karriere als Mittelstürmer.»
Der Grundstein war ein Fussball. Echt Leder. Er reizte mich so stark wie ein Engerling im Salat.
Ich lächelte höflich (denn ich war ein äusserst höfliches Kind), piepste «danke» und machte mich an das Päckchen meiner Tante Gertrude. Dort war eine Puppe drin. Keine gewöhnliche Puppe. Die schönste Puppe, die man sich vorstellen kann – mit echten Haaren. Und glasblauen Meeresaugen, die sich schlossen, wenn man alles in die horizontale Lage brachte. Mehr noch: Ein wunderbarer Mechanismus liess die Puppe «Mama» sagen.
«Es gab keine, die Papa sagen wollte», entschuldigte sich Tante Gertrude etwas nervös.
Vater war still geworden. Dann nahm er schweigend den Fussball unter den Arm. «Mein Mittelstürmer spielt mit Puppen», würgte er hervor – und «Mama» kräht es aus meinen Armen.
Heute gehört es ja zum guten Ton, Buben stricken und mit Puppen spielen zu lassen. Damals war der Tenor anders: «Puppen sind für Mädchen – oder dann für erwachsene Männer, nicht wahr Hans, uohoho?» – das war die Stimme des Stammtisches vom Hopfenkranz. Dort hockten die pensionierten Trämler und grinsten sich einen ab, wenn ich mit meiner Puppe Agatha auftauchte.
«Mit deinem Sohn stimmt was nicht, Hans, uohoho», pafften sie zwischen ihren Brissagos hervor. Und als ich mir auf Weihnachten neue Kleider für Agatha wünschte, brach Vaters Mittelsturm- und Drang-Periode endgültig zusammen: «Das kommt von deiner Erziehung, Lotti», tobte er. «Du verbibäbelst den Buben ganz entschieden – wie soll so etwas einmal Militär machen...»
Dabei war es Agatha, die mich vor dem Militär rettete. Als ich in der Rekrutenschule anmarschieren musste und den netten Ärzten in Uniform vorgestellt wurde, als ich da Agatha her-

vorzog, schauten sie einander nur stumm an. Dann war sofort Feierabend mit der Landesverteidigung. Dabei hatte Agatha noch nicht einmal «Mama» gesagt.

Agatha ist natürlich längst ein Museumsstück. Denn mit meinen Puppen ist es genau umgekehrt wie bei Papas Puppen: Je älter sie werden, desto kostbarer sind sie. So betrachtet, wären Papas Puppen kaum mehr zu bezahlen – aber fertig geulkt! Kehren wir zu Agatha zurück.

Heute sitzt Agatha in meiner Nadelberg-Wohnung auf einem Stuhl von Louis XVI. Das Echthaar ist etwas schütter geworden. Die Augen haben sich leicht verschoben – und statt «Mamma» ertönt nur noch das Knacken des Mechanismus. Kurz: An Agatha nagt der Zahn der Zeit.

Auf unsere Herbstmesse hin habe ich in aller Welt kleine «Agathas» zusammengekauft. Eines Tages hat es an der Haustür geschellt, und draussen stand Herr Müller, der (wie Sie wissen) unser charmantestes Postpaket ist. Er nahm die Pöstlermütze vom Kopf, wischte sich den Schweiss aus dem Hut und schaute mich anklagend an: «380 Stück sind es, Herr -minu. Die Hälfte Italienerinnen. Die andere Hälfte aus Taiwan. Dabei sind die Damen nicht einmal verzollt...»

Hinter Pöstler Müller erhob sich die Karton-Pyramide zu Gizeh. Lauter Kisten. Mit stummen Puppen.

«Wir müssen jede einzelne verzollen, Herr -minu», seufzte der Pöstler. Dann schlitzte er das erste Paket auf. Drinnen lagen ein halbes Dutzend Agathas – hauchzarte Porzellangesichtchen mit funkelnden Augen. Ich nahm die eine, streichelte ihr Haar, in dem noch Sägespan klebte, und betrachtete sie verklärt: «Ist das nicht etwas Einmaliges?» Pöstler Müller räusperte sich: «Also ein Mann...und Puppen...nichts für ungut, Herr -minu, aber Puppen sind doch etwas für Mädchen und...»

Herr Müller hätte mich wohl auch lieber als Mittelstürmer gesehen...

Herr Fifi und der Klatsch

Wir Basler sind, was wir sind. Vornehm. Zurückhaltend. Verschwiegen – jedem Klatsch abhold.

Soweit. So gelogen.

Wenn wir auf Ehr und Gewissen die Wahrheit sagen wollen: Es gibt wohl kaum eine andere Schweizer Stadt, die sich so über Tratsch und Klatsch freut, die Gerüchteküchen einheizt und die spitzen Zungen wetzt, wie gerade unsere Basilea.

Man denke nur an die Laternen-Verse jeweils an der Fasnacht. Oder an die Schnitzelbängg – was anderes sind sie als pointierter Alltagsklatsch. Eben.

Und bekanntlich haben die Bebbi für Klatsch- und «Seitenwand-Värsli», für diese Zweizeiler, die auf der Laternen-Schmalspur-Seite das Intimste der Cliquen-Leute am breitesten und pointiertesten ausplaudern, am meisten Flair übrig.

Basel hat nicht nur eine Gerüchte-Börse. Sie hat auch eine Gerüchte-Bank. Man findet diese in Form eines Coiffeur-Salons. Oder in Form eines Sigare-Lädelis. Oder am Stammtisch der Sperber im Hotel Basel... oder... oder... kurz: Gerüchte und Klatsch ohne Ende.

Nun gibt es sehr vornehme Basler Tanten (und es gibt männliche und weibliche vornehme Basler Tanten), die ihre ohnehin schon allzu dünnen Lippen zu einem Linealstrich zusammenpressen und durch die Nase näseln: «Abba! – das hat's früher nicht gegeben. Pfui daibel!»

Sie glauben, dass unser Basel einst streng protestantisch und klatschbazillenfrei gewesen sei. Stimmt aber nicht. Wir erzählen Ihnen hier gerne die wahre Geschichte eines berühmten Basler Junggesellen, kompliziert und dennoch liebenswert, mit der grössten Porzellan-Sammlung, die man sich vorstellen kann. Und mit dem geschliffensten Mundwerk von Basel bis Strassburg. Tout Bâle nannte ihn Fifi, lud ihn gerne zum Essen ein, weil er die faden Nachtessen der noch faderen Basler Dalbe mit seinen bös-bissigen Bonmots zünftig würzte.

Eines Tages also sass und ass dieser Fifi wieder mit am Tisch. Mit ihm zahlreiche Geschäftsleute von Basel und aus dem Elsass. Man servierte eben den Nachtisch, d'Basler Götterspys, als Fifi in die Runde platzte: «Übrigens – die Geschäfte von Herrn Glaser sind zünftig am Humpeln...»

Zuerst Todesstille. Dann aufgeregtes Geschnatter. Denn Herr Glaser, der natürlich nicht Glaser hiess, war ein stadtbekannter Antiquar.

So wurde es ein sehr interessanter und in gewisser Hinsicht auch erfolgreicher Abend – die Gastgeberin schätzte sich glücklich, Monsieur Fifi und sein Lästermaul am Tisch gehabt zu haben.

Es geschah nun, dass Antiquar Glaser ein halbes Jahr später Ware aus London erwartete. Er hatte die Kostbarkeiten schon lange bestellt – immerhin ging's bei diesem Posten um zwei Millionen Schweizer Franken. Schliesslich erkundigte er sich, wo die Sachen blieben. Die Antwort war englisch höflich und britisch kühl: Man könne sie leider nicht liefern, bevor die finanzielle Seite geregelt sei.

Antiquar Glaser klirrte leicht nervös und erfuhr, in London sei auf dem Gerüchteweg herumgehandelt worden, Glasers Geschäfte seien im Wanken.

Da Herr Glaser in seinem Leben nie etwas dem Zufall überliess, beauftragte er eine Gesellschaft, den Urheber des Gerüchtes herauszufinden – und so kam der gute Monsieur Fifi vors Basler Gericht. Leicht beunruhigt stand er dem Richter Rede und Antwort. Schliesslich donnerte dieser: «Also, mein lieber Mann – wie kommen Sie dazu, an einer Abendgesellschaft, an der so viele Geschäftsleute sitzen, zu behaupten, die Geschäfte von Herrn Glaser seien am Humpeln...»

Monsieur Fifi kaute verlegen an seinen Nägeln und seufzte dann: «Also Herr Richter – das war wieder so ein typisch langweiliges Basler Nachtessen, an dem keiner einen Satz reden wollte. Und wie beim Dessert noch immer peinliche Stille herrscht, habe ich gedacht, jetzt will ich mit ein paar Worten doch einmal ein bisschen Leben in die Bude bringen...»

Wie gesagt: Das war der Klatsch vor 50 Jahren. Monsieur Fifi musste sich bei Herrn Glaser entschuldigen. Dieser trat mit dem Verständnis des Baslers, der diese Art «Soupers» kannte, von der Klage zurück. Misia Sert hat einmal gesagt: «Der Klatsch ist wie eine Wagenladung voll Pralinen – er versüsst den faden Trott des Alltags.» Vermutlich hatte sie Vorfahren aus Basel.

Die Schweizer Qualität

Wenn Basel seine besten Fahnen anzieht und aus sämtlichen Staatsrabatten die Tulpen wedeln... wenn die Damen der gerngelesenen Rubrik «Vermischtes» dem Ansturm nicht mehr gewachsen sind und ihre Zürcher Schwestern um Beistand bitten (aber ist Beistand hier das richtige Wort am rechten Platz?), kurz, wenn der liebe Mai nach Basel kommt, brummen hier zwar keine Maienkäfer mehr. Dafür brummen die Schädel nach vier Stunden Mustermesse. Das ist der Wandel der Zeit.

Wo man ansonsten das ganze Jahr hindurch stundenlang vergebens auf ein Tram wartet, rattert dir nun alle zwei Minuten so ein Umweltschlitten um die Ohren. Das bisschen Regen vom Wochenende hat uns zünftige Schwämme lustig fuchtelnder Militär-Polizisten aus dem Boden geknallt. Mit ihren schildkrötenpanzerartigen Stossdämpfer-Helmen und den feldgrünen Roben ähneln die winkenden Herren einem neuen Zuchterfolg von Feld-Champignons. Mit eiserner Miene wedeln sie die Muba-Besucher heran – winkt jemand vom Steuer zurück, zucken sie zusammen. Und vermuten hinter jedem fröhlichen Winken einen subversiven Linken.

Für einige Tage ist Basel nun also der Nabel des Universums. Schweizer Käse, Urprodukt helvetischer Qualität, wird in kleinkarierter und grobgelochter Form angeboten. Der Basler wiederum öffnet Herz und Schlafzimmer, bezieht die Betten frisch – denn wie die sprichwörtliche Heuschreckenplage strömen die Verwandten und Tanten ans Rheinknie und schlagen ihre Zelte in unseren Häusern auf. Für zehn Tage wird die kleinste Basler Familie zum grössten Hotel-Konzern.

Da hat unser lieber Mustermesse-Direktor gut jauchzen: «Es ist die neuste und schönste Messe seit je...» – der braucht ja nicht in seinem eigenen Logis in einem Not–Klappbettlein zu pennen. Tu ich aber. Dazu noch im Badezimmer. Und in diesem Badezimmer herrscht zur Muba-Zeit ein Stossverkehr wie rund um den Walensee an Pfingsten.

Unsere persönliche Muba-Freude heisst Fanny. Tante Fanny. Geborene Zirngibel aus Adelboden-Boden.

Kurz vor der Messe hat sie angerufen: «Hier ist eure Tante Fanny – ihr wisst schon: die mit dem Eisbären…

Tatsächlich hat sich Tante Fanny bei uns mit einem Eisbären unwiderruflich für immer und ewig ins Gedächtnis eingeprägt. Der Bär war ihr Hochzeitsgeschenk. Er wog zehn Pfund, war elfenbeinfarbig und grauenvoll. Irgend ein perfider Serien-Künstler, der etwas gegen seine Umwelt hatte, muss ihn wutentbrannt aus Ton geformt haben.

«Für die Bücherwand», hat Tante Fanny feierlich erklärt. Und als der Eisbär schliesslich neben Goethe und Jerry Cotton melancholisch wurde, hat es Erna nicht mehr ausgehalten. «Das ist Menschenquälerei», wütete sie, ging energisch an den Staubsauger und schon donnerte ihr der Eisbär zu Füssen. Ein ausgesprochener Glücksfall, wenn man so will – wir haben mit einer guten Flasche auf seine Scherben angestossen.

Als wir nun Tante Fanny bei ihrer Ankunft die Geschichte beichten mussten, hatte sie Tränen in den Augen: «…dabei habe ich ihn damals doch auch an einer Mustermesse für euch gekauft. Er war etwas günstiger, weil ich für Hugo Hugentobler noch den röhrenden Hirsch am Teich dazu nahm. Hättet ihr vielleicht lieber den Hirsch gehabt?»

Erna wehrte erschrocken ab: «Aber nein, liebe Tante – der Eisbär war wunderschön. Nur so zerbrechlich…»

Seit Tagen grast nun Tante Fanny die Mustermesse ab. Stand für Stand, Kaffeemaschine für Kaffeemaschine, Kaffeebohne für Kaffeebohne. Sie sucht einen Espresso-Apparat. Doch heute morgen, nachdem sie so viel Gratis-Kaffee in sich hineingegossen hat, dass sie mit Leichtigkeit jedes Pferderennen im Galopp gewinnen könnte, erklärte sie: «Es ist nichts. Ich sage euch: Es ist nichts. Ich bleibe bei meinem alten Filterkaffee. Da weiss ich, was ich habe. – Und trotzdem ist die Suche nicht umsonst gewesen…»

Sie blinzelte schelmisch: «Ich hab' da nämlich etwas entdeckt. Für euch beide. Weil ihr mich so nett verwöhnt und wo ich mich entschlossen habe, nun doch noch zwei Wochen zu bleiben…»

Erna seufzte. Da schälte Tante Fanny auch schon den grauenvollsten aller Eisbären aus tausend Blatt Zeitungspapier: «Also – was sagt ihr jetzt. Ist das eine Überraschung?»

Tante Fanny stellte das Ungetüm sorgfältig aufs Bücherbrett.

Sie betrachtete ihr Werk und fand es gut. Zufrieden faltete sie die Hände davor: «Das Wunderbare daran ist, dass dieser Bär nie kaputtgehen kann. Es ist eine Kunstmasse. Hartstoff. Klare Schweizer Qualität...
Die Schweizer Qualität hat auch ihre Schattenseiten...

Das gute Sonntagsgeschirr

Unsere Familien-Tischsitten würde man heute wohl gelinde als «aussergewöhnlich» bezeichnen.

«Mein Haushalt ist der reinste Hotelbetrieb», stöhnte Mutter jeweils. «Ich lebe mit einem Haufen Egoisten, wo jeder meint, er könne machen und essen wann und wo er will!»

Dabei schoss sie Blicke zu Vater. Dieser senkte die Augen: «Ich habe heute abend eine Sitzung, Lotti...»

Daraufhin Mutter meckernd: «Eine Liegung im Sitzen, oder eine Sitzung im Liegen, Hans?»

Vater grinste. Und Mutter strich ihn von der Tischrunde: «Lydia – der Herr geniesst auswärts...»

Vater genoss fast immer auswärts. Er kam nur selten an die Teller. Allerdings konnte es vorkommen, dass er bei einer Morgenpause (wenn er um fünf Uhr den ersten Sechser aus dem Tramdepot geschleust hatte) um zehn Uhr in der Küche erschien. Fünf Minuten später duftete es verführerisch. Lydia brutzelte ein paar Kaninchenleberli in der Pfanne. Oder gab ihm von der Griessuppe zu versuchen. Mutter kam in die Küche: «Aha – wieder Extrawürste!» Dann liess sie sich auch etwas braten. Und so konnte es vorkommen, dass unsere Eltern, wenn wir etwa um zehn Uhr von der Schule heimkamen (weil wir Turnen schwänzten), bereits an den Tellern sassen. Und beim Mittagessen ihre Plätze dann leer blieben.

Tatsächlich betrieb Lydia in unserer Küche einen 24-Stunden-Service. Um sechs Uhr beispielshalber wurde Vater mit heissem Tee und einem Stück Zopf gestärkt, Mutter erhielt den Kaffee um acht Uhr, unsere Schulschnitten mussten pünktlich um 8.15 Uhr fertig gestrichen sein und gegen neun Uhr tauchte zumeist auch Grossmutter auf: «Wo ist meine Schale Gold? Es ist doch Hag? Ich vertrage nur Hag!»

Lydia nickte brummend. Sie hat ein Leben lang brummend genickt. Dann knallte sie Grossmutter die Tasse mit dem hellen Kaffee hin: «Hag!», sagte sie. Und ihr Blick ertrug keine Widerrede.

Allerdings habe ich in der Küche nie ein einziges Päckchen koffeinfreien Kaffee gesehen. Und wenn Mutter sich vor einer

Einladung vergewisserte: «Haben wir Kaffee Hag, Lydia? Nicht alle werden spät abends nochmals Kaffee trinken wollen...», liess sich unsere Köchin keine Sekunde aus der Ruhe bringen: «Hat bei uns schon jemand die Schraube gemacht?» Mutter war etwas verunsichert, beruhigte sich dann aber, als Lydia – wie immer – mit zwei Tassen Kaffee beim Service erschien und zu den Gästen murmelte: «Normal? Oder ohne Koffein?»

Bis heute weiss ich nicht, ob wirklich zwei verschiedene Kaffeesorten aufgegossen worden sind. Die Vermutungen stehen 90:10, dass es zwei Mal dieselbe Brühe in den Kannen war.

Diese Vermutung bestärkte sich übrigens später in Paris, als ich im «Georges V» in der Küche arbeitete und zusah, wie die «petits cafés décofféinés» von den «kalten Mamsellen» angerichtet wurden: Sie liessen gewöhnlichen «espresso» ins Tässlein zischen und wirbelten mit einem Löffel darin herum: «So geht das Koffein raus», glaubten sie. Und die Gäste haben's wohl auch geglaubt.

Immerhin – an Sonntagen setzte sich die Familie stets gemeinsam an den Tisch. Das gute Grossmutter-Geschirr wurde hervorgeholt – mit der immer wiederkehrenden Ermahnung: «Passt auf! Macht ja nichts kaputt – das ist das gute Geschirr!»

Und natürlich waren wir dann so zittrig, dass wir den Teller fallen liessen und die «Kornblumen» in tausend Scherben herumlagen...

Die Sonntagsessen, die da in dampfenden Schüsseln aufgetragen wurden, hatten stets dasselbe Gesicht: als Entrée Flädlisuppe. Dann Rahmschnitzel an Champignonsauce und Erbsli mit Rüebli sowie Nudeln («extra breit» – mit Anggebrotbrösmeli darüber). Schliesslich Salat in Kristallschalen (immer «Kopf» mit einem Achtel Ei darauf). Und dann die Crème brûlée, welche eine Stunde später bei Vater unglaubliche Wirkung zeitigte.

Es ist seltsam – aber dieses Sonntagsessen mit dem Sonntagsgeschirr war für mich der Inbegriff von «Familie». Später, als wir Kinder von zu Hause ausflogen, kamen die teuren Teller nur noch an «runden Geburtstagen» oder an Weihnachten auf den Tisch.

Heute ist das «Sonntagsgeschirr» aus der Mode gekommen.

Man richtet winzige Portionen auf Riesentellern an. Und kaum irgendwo werden noch Platten herumgereicht.

Auch unser altes Sonntagsgeschirr steht verstaubt in meinem Geschirrschrank. Und ich gäbe viel darum, noch einmal in der Familienrunde die Ermahnung zu hören: «Passt auf. Macht ja nichts kaputt – das ist das gute Geschirr!»

Spiessli und Ränzli

Baden war für uns Gnäggis eines der grössten Kindervergnügen. Zwar gingen wir nicht in den Rhein wie früher unsere Eltern – nein, zu unserer Zeit wurden die Gartenbäder St. Jakob (vulgo: Joggeli) und später schliesslich das Bachgraben eröffnet.

Hier war unser Tummelfeld – hier verbrachten wir ganze Sonntage: Die Alten hockten unterm Baum, jassten und politisierten. Wir Kinder aber wagten die ersten Gehversuche, will sagen Schwimmversuche. Langsam tasteten wir uns im «tiefen Bassin» vor, bis wir nicht mehr stehen konnten, und schwaderten schliesslich unter den Augen der «Grossen» umher.

Schwimmen habe ich relativ schnell gelernt – ja Schwimmen war (neben Skifahren) die einzige Sport-Disziplin, in der ich neben meinen Kollegen bestehen konnte. Hier wurde ich manchmal gar als erster in die Stafetten-Mannschaft gewählt – mussten sie jedoch eine Fussballmanschaft bilden, blieb ich stets am Schluss. Oft reichte es sogar nur zum Job als Torpfosten. So grausam ist die Welt!

Schwimmen konnte ich also recht brav – aber Spiessli?! Nein, da hörte die ganze Sportlichkeit schon auf.

Herr Zimmerli, mein Schwimmlehrer, verstand die Welt nicht mehr: «Du musst ganz einfach vorne ans Brett. Ganz nach vorne. Dann Hände über den Kopf – und abspringen! Beim Abspringen die Beine sofort nach oben... Herr Zimmerli zeigte es mir dann. Ich schwärmte sehr für Herrn Zimmerli. Aber wenn er ein Spiessli von mir verlangte, hasste ich ihn. Ich wusste nämlich, was da geschehen würde – es geschah immer wieder dasselbe: vorne beim Sprungbrett-Rand schaute ich ins Wasser. Mir wurde schwindlig und schwupps klatschte ich wie ein schwangerer Bergfrosch auf dem Wasser auf. Mein Bauch war zinnoberrot. Und brannte stets wie Feuer – aber Herr Zimmerli liess nicht locker: «Nochmals – hopp? Hopp! Das war ja nur ein Ränzli...»

Später, bei der Vorunterrichts-Prüfung (und verflucht sei derjenige, der diese Scheiss-Prüfung erfunden hat!), am grossen Sporttag also, wo man die verschiedenen Disziplinen hinter sich zu bringen hatte, wollten sie von mir auch das Spiessli und den Sprung vom Drei-Meter-Brett sehen.

Natürlich ränzelte ich wieder.

Und als mich Schwimmlehrer Zimmerli mit bösem Blick auf den Drei-Meter-Turm jagte, als ich da in die Tiefe schaute und sich alles zu drehen begann, wimmerte ich auf dem Sprungbrett: «Ich will wieder zurück... ich kann nicht... das ist viel zu...»

Aber da hatte mir Herr Zimmerli auch schon einen Schupf, einen Stoss gegeben. Und ich knallte, Ranzen voran, ins Wasser. Diesmal aus drei Meter Höhe. Ich litt vier Tage.

Damit endete die Schwärmerei für Herrn Zimmerli – aber er hat's sowieso nie gewusst.

Und der saudummen Redensart «man muss ihm nur einen Schupf geben» bin ich seither höchst skeptisch gegenübergestanden...

Radieschen statt Kirschen

Kirschen haben meine Mutter stets auf den Baum getrieben: «Diese Preise sehen und umfallen! Das ist doch die Höhe – die Bauern machen mit uns, was sie wollen...»
In Adelboden erlebte sie dann den zweiten Schock. Dort wurden die berühmten Riehener Kirschen billiger verkauft als in Riehen selber. Grund: Der Bund hat – sogenannte Bergbauern-Hilfe! – sie subventioniert. Und so sind bei uns oft subventionierte Riehener Kirschen via Adelboden–Bern wieder nach Basel gekommen. Direkt in den Sterilisierhafen – denn Kirschen wurden auf Tod und Teufel-komm-raus eingemacht.
Wir hätten gerne Kirschenbäume gehabt. Aber in unserem Garten blühten nur Goldregen. Und Hortensien. Überdies gab's Radieschen. Es gab immer Radieschen.
Am allerliebsten mochten wir «Kirsi-Suppe». Selten genug kam sie auf den Tisch – dafür wurde sie dann mit heissen Brotmöggli, die man in Butter gedreht hatte, gewürzt. «Wir können uns keine Kirschen leisten», erklärte Mutter, wenn wir sie bestürmten, uns wieder einmal diese «Kirsi-Suppe» zu kochen.
Es kam nun der Tag der Tage, als unser Vater erklärte: «Elsie gibt uns Kirschen...»
Mutter schaute leicht nervös: «Wer ist Elsie...?» Vater druckste herum: «Auf dem Sechser... eine Aushilfe... also, ein nettes Mädchen, da kannst du gar nichts sagen... während des Krieges hat sie den Luftschutz unter sich gehabt und...»
Mutters Nase wurde nadelspitzig – jetzt war nicht gut Kirschen essen: «Ich will kein luftschütziges Elsie... und schon gar nicht ihre Kirschen...!»
«Wir wollen aber Kirschen!», brüllte Rosie. «... und eine Kirsi-Suppe», heulte ich mit, «Elsie hin oder her!»
«Sie schenkt sie uns, Lotti – wir müssen sie nur abholen. 20 Kilos. Alles Kracher!»
«20 Kilos», murmelte Mutter, «dann will ich mal nicht so sein – die Kinder können sie mit dem Leiterwagen holen.»
Fräulein Elsie schaute etwas verwirrt, als wir mit dem Leiterkarren anratterten: «Wo ist euer lieber Vater?»

«Mutter hat gesagt: besser die Leintücher vom Seil als die Kirschen von der Elsie...», krähte Rosie.

«Aha», seufzte die Dame. Dann lud sie unseren Karren mit Krachern voll.

Unterwegs wurden wir von einer netten Frau angehalten: «So kleine Kinder. Und so viele Kirschen – das ist doch viel zu viel für euch. Ihr habt ja jetzt schon ganz blaue Lippen – da bekommt ihr Bauchweh. Ich kaufe euch zehn Kilos ab. Sagen wir 20 Centimes pro Kilo...»

Ich hypnotisierte Rosie. Diese blieb ganz cool: «30!»

Wir einigten uns auf 25. Dafür kaufte die Dame dann gleich 15 Kilos. Und ihre Nachbarin zum selben Preis nochmals drei. Den Rest haben wir dann auf dem Heimweg aufgegessen.

Zu Hause zeigten wir Mutter stolz die vier Franken. Die übrigen 50 Centimes hatten wir in Cola-Fröschli versilbert. «Alle verkauft – was sagst du?»

Sie sagte nichts mehr. Unsere Geschäfstüchtigkeit hatte ihr die Sprache verschlagen – als sie diese wieder fand, wurden wir mit Donner und Doria ins Bett geschickt.

«Dabei kosten die Kirschen 2.50 das Kilo», hörten wir Mutter in der Küche toben.

«Ich könnte ja noch einmal mit Elsie...», versuchte Vater gut Wind zu machen.

«Untersteh Dich!», donnerte es. So blieb's einen Sommer lang bei den Radieschen.

Plädoyer für dicke Pfludden

Wo kamen all die «Pfludde» hin, die «Pfludde» waren – und zwar sehr? In Deutschland, Belgrad und Berlin zeigt sie heut' kein Museum mehr... (nach Wollenberger)

Frau Schneeberger, unsere Nachbarin, war mit Kilos gesegnet. Damals waren wir es nicht. Und deshalb konnten wir frohen Herzens hinter Frau Schneeberger her rufen: «Diggi Pfludde, Konsumross, Kunnsch nit emool dur d'Freie Strooss!»
Frau Schneeberger lächelte nur. Sie lächelte das stoische Lachen der Dicken.
«Pfludde» – das war damals noch ein Begriff. Heute kennen wir wohl den «Pfluddebegg». Aber kaum einer wird das fette Wort sonst in den Mund nehmen. Vielleicht weil wir im Zeitalter der magern Windhundköpfe und gespienzelten Rippenknochen leben. – Wo kamen all die Pfludden hin? Sie sind von der Bildfläche verschwunden. Und ebenso vom Basler Mittagstisch.
«Pfludde» – das war für uns ein Himmelgericht! Meistens kam sie an einem Freitag auf den Tisch. Sie dampfte in einer grossen Schüssel. Grossmutter schüttete auf den dicken Pfluddeberg eine goldbraune «Zibeleschwaizi». Zur Pfludde wurden «Öpfelschnitzli» serviert. Und ein Tässchen mit Zimtzukker herumgereicht – chacun à son goût.
Vater rümpfte die Nase: «Das ist doch kein Frass! Das ist recht für die Kinder – aber für den Mann, der sich für die Familie dumm und dämlich abrackert...»
Mutter blitzte über die Schüssel: «Dumm und dämlich sind deine Worte, lieber Hans...»
Dann stand Vater demonstrativ auf und brätelte sich einen Klöpfer mit Spiegelei. Er war nicht der Pfludde-Typ.
Manchmal gab's den weissen Pfluddeberg auch nur mit heisser Butter. Diese wurde zuletzt über die riesige Fläche gegossen. Dann begann das «Abstäche»: Jedes durfte mit seinem Suppenlöffel von der Masse in den Teller schöpfen. Und jedes schaute, so viel dunkle Butter zu erhaschen, als dies möglich

war. Dazu drückte man die Pfludde mit dem Löffel nach unten, so dass die Butter auf die gewünschte Seite lief. Gab's Pfludde-Resten, so wurden sie abends in «bacheni Griesskiechli» verwandelt. Die Pfludde wurde in Dreiecke geschnitten, in Ei getaucht und im Fett ausgebacken. Heute kommt dieses «Griesskiechli» in der «nouvelle cuisine» wieder gross zum Zug. Wer Glück hat, bekommt zu 18 Gramm Entenleber ein 10-Gramm-Küchlein serviert. Das Küchlein verliert sich auf dem riesigen Teller wie eine Nuss-Schale im Ozean – das Preisverhältnis ist dann wieder umgekehrt. Dafür bleiben die Knochen ohne Fleisch (siehe oben: Windhundköpfe und Rippenknochen).

Bei kalten Sautagen ist es mir mitunter um die Griesspfludde meiner Kindertage. Aber Linda schlägt das Kreuz: «So dickes Schwuainerai! Kommt gar nicht in Fragiges...» Dann tischt sie mir wieder den Suppen-Lunch zum Anrühren auf.

Auch Onkel Donald von der gehackten Rundummeli-Familie hat sich noch keinen Pfludde-Burger einfallen lassen. Und meine Grossmutter ist nicht mehr. Sie alleine hätte sich meines Pfludde-Appetits erbarmt. Immerhin, Tante Gertrude, Tochter selbiger Grossmutter, hatte das Rezept noch im Hinterkopf: «Höchst einfach – auf einen Liter Milch, die man leicht salzt, gibt man rund 200 Gramm Griess und lässt das Ganze so lange kochen, bis es Blasen wirft. Dann nimmt man die Pfludde vom Feuer, gibt sie lageweise mit «Zibeleschwaizi» in eine Schüssel und bringt sie so auf den Tisch.»

Das Rezept ist wie beim Lotto: ohne Gewähr. Aber vielleicht wird's bei der nächsten Einladung Ihr Haupttreffer...

Das Spiel mit dem Spiel...

Grossmutter spielte. Ihr kleines, schwarzes Täschlein trug stets ein Rolle «Fischminz» und ein Pack Jasskarten mit sich.

Als beispielshalber ihre Enkelin zum Traualtar geführt wurde, flüsterte sie mir vor dem Kirchgang zu: «Wir sitzen in die hinterste Bank – ich kenn den Pfarrer. Zum Gähnen!» Und während vorne das Brautpaar von Cellos und Flöten umgeigt wurde, haben wir hinten einen Bieter geklopft. Nie werde ich jenen feierlichen Moment vergessen, als der Pfarrer die beiden Glücklichen bei den Händen nahm und anhub: «Und so frage ich Dich ...» – justament in diesem Moment war Grossmutter gross in Fahrt, nicht mehr zu bremsen, und rief: «Bock und Bock und Trumpf!» Und das hat denen vorne dann prompt die Sprache verschlagen.

Auch für Mutter muss die erste Begegnung mit Grossmutter ein Schock gewesen sein. Sie, die aus einem guten Basler Stall kam, glaubte nun bei ihrer Schwiegermutter den üblichen Koch-Beweis liefern zu müssen. Doch nichts da – Mutter hat es uns immer wieder in allen Farben geschildert: «Sie kam auf mich zu, musterte mich kurz und zog mich an der Hand in die Stube: ‹Wollen doch sehen, was du zu bieten hast, mein Kind›, und schon waren die Jass-Karten verteilt. Nun hätte ich zur Not noch ‹Schwarz Peter› spielen können – aber Jassen? So etwas Ordinäres kannte man in unsern Kreisen nicht. Euer Vater hat's mir dann mit viel Geduld beigebracht – als ich aber einmal den Bauern ausspielte, brummte eure Grossmutter: ‹Hans – die bringt den blutten Bauern auf's Nell. Das Mädchen ist hoffnungslos...›»

Als ich zehn Lenze zählte, spielte ich sämtliche Jass-Arten, die's überhaupt gab. Der Mittwochnachmittag war für Grossmutter reserviert – Mutter drückte mir dann einen Fünfliber in die Hände: «Geht bei Spillmann einen Tee trinken». Aber Grossmutter und ich gingen ins Clara. Dort warteten bereits Herr Rufer, der Operateur der «Revolverküche» (lies: Kino Union), und «Ginette», eine fröhliche Dame, die keine war und ihr Geld abends verdiente. Vater Thöni legte den Jass-Teppich aus – und los ging's.

126

Natürlich spielten wir um Geld.

Anders hätte es für meine Grossmutter keinen Reiz gehabt. Das Geld kam in eine Kasse – und einmal jährlich leisteten wir uns dann mit den Franken eine Schweizerfahrt. An die Etappenziele kann ich mich nicht mehr erinnern, nur noch daran, dass wir sowohl im Zug wie auch in der Beiz unaufhörlich gejasst haben...

Natürlich war Mutter die Spielerei ein Dorn im Auge – «indiscutable!», sagte sie stets. «... und dann noch um Geld. Das ist des Teufels!»

«Andere sammeln Rabattmarken!», verteidigte sich Grossmutter. Doch Mutter schoss einen Blick: «Indiscutable!»

Es kam nun der Tag, wo ich für ein Trabrennen nominiert wurde und auf dem Schänzli mit einem Pferd namens Fritz ein Rennen bestreiten sollte. Fritz war hoffnungslos. Im Trainingslauf haben die Zuschauer Tränen gelacht und mein Pressekollege Hobi hat sich bekreuzigt: «Ihr geht wohl an eine Beerdigung...»

Entsprechend fielen die Wettquoten aus. Niemand setzte auf Fritz. «Bel-Ami» mit Benthaus war der klare Favorit.

Als Mutter die Wett-Tafel betrachtete, wo kein einziger Mensch einen Rappen auf mich investiert hatte, stiess sie Grossmutter in die Seite: «Du legst alles Geld auf diesen Bel-Ami – setz wenigstens etwas auf Deinen Enkel. Wie sieht denn das aus?! Kein Mensch hält etwas von ihm...»

Grossmutter zeterte, zahlte 50 Franken ein und ärgerte sich: «Ich könnte die Scheinchen gerade so gut in die Menge werfen – man merkt, dass Du vom Wettspiel keine Ahnung hast, meine Liebe...»

Daraufhin hat Mutter zweimal tief durchgeatmet, ihr Portemonnaie geöffnet und 100 Franken auf meinen Fritz gesetzt. Familienehre ging ihr über alles.

15 Minuten später wurden ihr 1800 Franken ausbezahlt. Grossmutter erhielt 900. Und ich einen Blumenstrauss – Fritz hatte das Rennen gemacht.

«Er hat nur geblufft», nickte Grossmutter mit Kennermiene. Und dann zu Mutter: «Du hast Talent, mein Kind. Ich kenne den Platz-Speaker hier – der knobelt so gerne. Bist du dabei?»

«Indiscutable!», sagte Mutter.

Ein Ja zum Zuckerbauch...

Es gibt Leute, die lechzen nach Gewürzgurken. Sollen sie. Oder solche, die stundenlang an einem Artischockenblatt saugen können. Auch recht. Man erkennt diese Gattung an ihren schmalen Windhundgesichtern. Und an Hosengrösse 36. Stellt man ihnen Zuckriges hin, reagieren sie wie der Elefant vor der Maus – Schüttelfrost. Selbst malerische Worte wie «Dächer, die mit Sahne überzuckert sind...» verursachen ihnen Brechreiz. Solche Leute gibt's. Ich gehöre nicht dazu.

Ich bin im Zeichen des Zuckerstocks geboren. So richtig angefangen hat's eigentlich mit der «Zuckerschnitte». «Zuckerschnitten» sind die Stucki-Menüs der Kinderwelt. Spielten wir auf dem ÖKK-Mätteli und hatten gegen vier Uhr Hunger, so schellten wir und brüllten in den zweiten Stock: «Schick uns eine ‹Schnitte› herunter...»

Mutter schnitt dann ein dickes Stück Brot vom Basler Pfünderli ab und bestrich es dick mit Butter. In einen Teller schüttete sie vom feinen, glitzernden Kristallzucker – und badete die Butterseite darin. Dann wurde die Köstlichkeit in Fettpapier eingewickelt. Und in einem Korb, der an einer Schnur hing, zum Fenster hinaus geliftelt.

Unser Zucker-Konsum war enorm. Heute sagt mir mein Zahnarzt, es sei schädlich gewesen. Auch mein Hausarzt Haegeli rümpft die Nase: «Typischer Fall von frühem Zuckerbauch – der sitzt wie Granit. Den bekommt man nie mehr weg. Höchstens durch Sprengung...» (witzig! witzig!). Mein italienischer Schneider nennt es «la linea dello zucchero» und versucht, den Zuckerstock möglichst elegant einzupacken.

Süsseste Zuckerzeit meldete sich jeweils während der Messetage an. Unsere «Mäss-Batze» verdienten wir mit «Stäägebutze». Und ich frage mich, was die Kinder heute machen, wo Treppenhausreinigung überall inbegriffen ist.

Hatten wir dann vier, fünf Franken zusammen, gingen Rosie und ich auf die «grosse Messe». Auf dem Weg kamen wir bei «Bubegg» vorbei – in giftigstem Violett funkelte das kleine Schaufenster und spienzelte Salametti aus Schokolade und mit Mandelsplitter gespickt.

Da lagen auch dick gefüllte Biberli und die echten Mandel-Lebkuchen – bref: Da gab's ein Schaufenster voll Bauchweh und Seligkeit.

Wir aber zogen weiter zu den Zuckerbuden, wo die «Mässmögge» in buntesten Farben warteten. Denn selbstverständlich wurden mindestens zwei Drittel unseres «Mässbatze» in diese Basler Mögge investiert – «die kosten fast nichts und man hat am längsten daran», war Rosies Mogge-Logik.

Schon gluschteten wir vor der buntschillernden Auslage mit den «Sydemögge», welche die zartesten Farben hatten, gerade wie kostbare Basler Sydebändel – oder dann vor den gefüllten, gerippten Basler Mögge und den «Fischminz-Stängel», giftgrüne Glasdinger, in denen die schwarzen Wybärtli wie kleine Kohlenstücklein funkelten.

Vater dieser Süsseligkeit war (und ist noch heute) David Bürgin: «Der Basler Mässmogge ist etwa um die Jahrhundertwende im grossen Stil fabriziert worden – die einfachen, gestreiften Mögge sind bestimmt aus dem Elsass hierher gekommen. Unser Vorgänger, der Kleinbasler Confiseur Goldinger, hat zu Beginn dieses Jahrhunderts den gefüllten Mässmogge erfunden – er hat ihn mit einer Haselnussmischung verfeinert, ein Rezept, das wir auch heute noch unverändert benutzen. Überhaupt – die Basler Mässmögge haben sich nicht verändert. Sie werden noch immer aus Zucker und Glycose hergestellt – und nicht einmal ihr Preis hat sich in den letzten Jahrzehnten gross gewandelt...»

Wenn ich heute hinter meinem Messestand stehe, wenn da so ein Gnäggis angestürmt kommt, sein Zwanzgerli in den Fingern dreht, bis es glüht, und er sich schliesslich entscheidet: «e Riisemogge!», dann denke ich still bei mir: trotz Walkmen, Ohrklips und Punkfrisur – viel geändert hat sich nicht. Der Zuckerbauch lebt weiter...

Ode an die Treppenhäuser...

Treppenhäuser sind anders geworden. Kühler. Die Stufen steinig – die Handgeländer aus Kunststoff.

Vor allem sind Treppenhäuser stiller geworden. Da hört man nur noch das Summen des Lifts. Und das Umdrehen des Schlüssels im Schloss.

In der Zeitung liest man bei den Mietzinsen: 495.– inkl. Thr. «Thr» steht für Treppenhausreinigung. Und fast ein bisschen wehmütig muss ich an meine jüngste Kinderzeit zurückdenken, als wir in dem grossen alten Haus vis-à-vis des «Oek» wohnten und alle zwei Samstage «Thr» hatten.

Das Treppenhaus spielte zu unserer Kinderzeit eine grosse Rolle. Es war düster, roch nach Wichse oder Politur – und auf dem Zwischenstock, wo die Treppe den grossen Bogen machte, pflegten «die Parteien» ihre Grünpflanzen: zumeist Asparagus. Nicht umzubringen. Dann und wann ein Veilchenstöckli. Und immer wieder der fleischige, grossfächrige Philodendron.

Die Treppenstufen waren aus dunklem Holz – die Zwischenböden aus Parkettriemen zusammengepuzzelt. Manchmal entdeckten wir kleine Astlöcher. Wir knübelten sie ein bisschen aus – schon hatten wir unser Gluggerloch im Treppenhaus.

Das Allerschönste war jedoch das Treppengeländer: Es schwang sich vom fünften Stock elegant bis ins Parterre – und war unser höchstpersönlicher Lift. Unten wurden wir durch die dicke, nachtblaufunkelnde Marmorkugel, die der Schussfahrt den Schlusspunkt setzte, abgestoppt. Und Frau Gygax, die im Parterre wohnte, stand bereits mit dem Besen unter der Türe: «Ihr wisst doch, dass ihr nicht auf dem Geländer herunterrutschen sollt. Ich kenne die Mutter eines Mädchens, das...»

Dann kam die schreckliche Geschichte vom Kind, das kopfvoran vom fünften Stock ins Treppenhaus gestürzt war. Und alles, weil es geländerrutschen wollte. Die Sache berührte uns allerdings kaum. «Das muss eine besonders doofe Nuss gewesen sein», meinte Rosie. Und Frau Gygax seufzte. Sie fand uns sowieso hoffnungslos.

Freitag war der Tag der «Thr». Zuerst mussten die Stufen «gespöönlet» werden. Vater zeigte am meisten Kraft in den Beinen. Also wurde sein linker Fuss zu Mutters rechter Hand. Die nicht allzu harte Stahlwolle kam unter den Schuh. Nun rabselte man vorsichtig die grauen Stellen aus dem Parkett, kratzte Wasserflecken weg («dass die im vierten Stock mit ihren nassen Regenschirmen nie besser aufpassen können – jetzt haben wir doch extra einen Schirmständer neben die Milchkästlein gestellt!») und wischte schliesslich das feine Resultat mit dem «Schüfeli und Wüscherli» auf.

Dann kam die Wichse – schliesslich wurde mit einem Lappen poliert. Die Zwischenböden erlebten dank Blocher und dem, was Mutter «my flüssigi Wichsi» nannte, Glanzzeiten.

Wir Kinder mussten die schlanken Holzrippen des Treppengeländers abstauben – manchmal filzten wir auch Mutter's Wichse und schmierten es fingerdick vor die Türe von Frau Gygax. Dann schellten wir Sturm – schon zeterte sie heran, drehte sich plötzlich wie ein wildgewordener Kreisel und donnerte auf den Allerwertesten. Das waren die kleinen Freuden der «Thr».

Es kam die Zeit, wo wir unsere Möbel packten und in einen Neubau siedelten. Mutter seufzte: «Gottlob – hier ist alles inklusiv. Auch die Treppenreinigung.»

Im neuen Haus gab's einen Lift. Und kühle Marmorstufen. Keiner benutzte sie. Keiner sprach im Treppenhaus. Und nachdem die erste Faszination des Liftfahrens abgeklungen war, sehnte ich mich plötzlich wieder nach dem alten Parkett, nach den Zwischenböden mit den grünen Asparagus und nach Frau Baumgartner, die Mutter alle zwei, drei Monate auf die Palme jagte: «Uff mynere Syte isch wider nit rächt putzt gsi…»

Der Schmalspur-Casanova

Eines Tages schellte der «Verein ehemaliger Billeteusen» meine Mutter an: «Wir sind die Billeteusen-Vereinigung...»

«Aja?», sagte Mutter kühl. Bei Billeteusen klingelte es ihr immer.

«...ja. Und ihr lieber Mann ist unser Ehrenpräsident...»

Mutter hüstelte: «Ach? – Sie meinen wohl so etwas wie der Scheich vom Harem...»

Die Stimme am andern Ende wurde leicht unsicher: «Ahemm...ähhh...Wir wollten ihm zu seinem Geburtstag etwas besonders Schönes schenken, weil er doch immer so nett zu uns Billeteusen ist und auch für die neue Uniform und das Käppi besorgt war und...»

«Einen Filmapparat!», sagte Mutter kurz.

«Bitte?»

«Sie fragen mich, was Sie ihm schenken sollen – ich sage: einen Filmapparat. Schmalspur. Dann hat er eine surrende Erinnerung an Sie alle – guten Tag!»

Daraufhin schenkten sie. Und Vater wurde zu unserm Heim-Fellini.

Einer der ersten Filme, den er mit uns drehen wollte, war «Venezianische Nächte». Er verfrachtete seine Familie in den Peugeot und fuhr San-Marco-wärts.

«Kennst du das Land wo die Gondeln blühen...», deklamierte er am Steuer. Mutter unterbrach: «Es sind Zitronen, Hans – und Venedig ist es nicht...»

Daraufhin schwieg Vater beleidigt.

Rosie und ich freuten uns sehr auf die Lagunenstadt. Leider sahen wir nicht viel davon. Wir mieteten nämlich gleich zu Beginn Antonio. Er war Gondoliere. Und Vater hiess ihn, mit seiner Gondel durch die Calle dei Fabbri zu segeln: «Aber langsam, capito – molto piano. Damit tutto auf Filmfotto.»

Grossmutter wurde in die Gondel drapiert. Sie trug ein Spitzenhütchen und hatte huldvoll in die Kamera zu winken – dann wollte Vater auf einen der alten Palazzi überschwenken. Und die Toreinfahrt als Totale bringen.

Rund ein dutzendmal ist Grossmutter an uns und der Kamera

vorbeigegondelt. Einmal störten die Tauben. Dann wieder hatte Vater schlechtes Licht. Und beim dritten Mal tukkerte ein Vaporetto direkt vor der winkenden Grossmutter vorbei. Dann streikte sie. Wie sie's von Greta Garbo gelernt hatte: «Hans – es geht nicht mehr. Ich winke nun schon das zwölfte Mal, und mein Handgelenk lottert wie eine alte Eisenbahnkupplung.»

«Noch ein einziges Mal!», seufzte Vater. Die Gondel schaukelte ein 13. Mal durch die Calle dei Fabbri. Vater drückte am Surrer – Grossmutter winkte wieder ganz Königin Mutter. Und Antonio stocherte lustlos im dreckigen Kanal. «Es hat geklappt», freute sich unser Haus-Regisseur schliesslich. «Das wird ein Welt-Streifen, ein neuer Ben Hur von Venedig...»

«Im Schmalspurformat», bremste Mutter Vaters Enthusiasmus. Dann fuhren wir wieder heimwärts.

Drei Tage später verreiste Vater mit seinen Kletter-Freunden in die Dolomiten. Hier sollte der Streifen «Ruf der Berge» entstehen. Ja, nach sechs Wochen erschien gar ein Inserat in der damaligen National-Zeitung: «Hanha-Produktion präsentiert: ‹Land der Gondeln› (1. Teil) und ‹Ruf der Berge› (2. Teil) – es singt der Strassenbahner-Männerchor. Beginn 20.00 Uhr , Spalencasino.»

Der Saal war gerammelt voll. Vater hockte an einem Tischlein und verkaufte Eintrittsbillette. Rosie und ich mussten die Plätze anweisen. Mutter spielte am Klavier. Sie war das Orchester.

Schliesslich fuhr der erste Streifen ab. Venedig wackelte über die Leinwand – Mutter spielte den Kotelett-Walzer. Dann tauchte zum ersten Mal Antonio mit der Gondel auf. Das heisst: Man konnte Antonio und die Gondel nur erahnen – denn vorne tuckerte das Vaporetto vorbei.

Grossmutter sass in der ersten Reihe. Sie hatte sich für die Premiere eigens ein Kleid schneidern lassen. Jetzt erwachte in ihr der Star: «Wo bin ich?!», überbrüllte sie Mutters Kotelett-Walzer, «Hans – drehe das Ding sofort nochmals zurück. Man kann mich ja gar nicht sehen...»

Doch da gondelte Antonio schon wieder heran. Ein Schwarm Tauben verdeckte das Ganze malerisch. Aber Grossmutter war nicht mehr zu bremsen: «Tauben gibt es in Basel auch, Hans!», tobte sie, «und dafür habe ich mir extra Dauerwellen legen lassen!»

Als Antonio zum 13. Mal vorbeigondelte, sah man lediglich den grossen Stachel des Gondoliere. Und ein altes, winkendes Händchen. Es flatterte etwas verloren im Kanal-Wind. Dann gross: ENDE.

Der BVB-Männerchor sang: «Bhüet is Gott der Chüüejer-Staaand...» Und Grossmutter schnupfte beleidigt. Nur die Billeteusen applaudierten. Und Mutter brummte verärgert: «Typisch – die fliegen auf jeden Schmalspur-Casanova...»

Der bittere Nagelschelm

Als Kind kaute ich. Ich kaue heute noch. Aber meine Kauerei während der Kindergartenzeit hat sämtliche Rekorde gebrochen. Ich war der geborene Kahlkauer – das war ein sprichwörtlicher Kalauer.

«Weshalb muss das Kind alles in den Mund nehmen?», erkundigte sich Grossmutter (vaterseits) vorwurfsvoll bei ihrer Schwiegertochter. «Gestern habe ich es nur fünf Minuten aus den Augen gelassen – und schon hat es mir ein Tischbein durchgenagt. Du gibst ihm zuwenig Eisen...»

Mutter seufzte: «Ich dachte, dein Tischbein sei aus Holz...» Dann fütterte sie mich mit Spinat. In Breiform. Ich spritzte jedoch das Eisen eisern wieder raus. Und machte mich lustvoll an Vaters Füllfederhalter.

Mit zehn Lenzen habe ich dann meine Fingernägel entdeckt. Purer Zufall – da war einfach nichts anderes da. Also knabberte ich einmal drauflos. Und hob die Welt damit aus den Fugen. Grossmutter (diesmal Mutterseite) lamentierte es in der ganzen Verwandtschaft herum: «Das arme Kind hat einen psychischen Defekt. Es frisst die Fingernägel wie andere Leute Butterbrot – man müsste es zu einem Psychiater schicken...»

Mutter dachte sich Gegenmassnahmen aus. Ich wurde in die Apotheke geschleppt – dort zeigte man dem geschockten Apotheker Müller meine Fingerchen, die kurznagligen: «Was sollen wir tun, Herr Doktor?» – Mit seiner Nagelkauerei bringt er Schande über die ganze Familie. Gepriesen die Zeit, als er nur am Fleischhammer nagte...»

Apotheker Müller fischte ein braunes Fläschlein aus den Regalen. «Der bittere Nagelschelm» hiess die Arznei. Sie ähnelte einem Töpfchen mit Nagellack, hatte auch das entsprechende Pinselchen an der Verschraubung – sorgfältig wurde mein karger Nagelrestbestand mit dem Schelm lackiert.

«Wenn er draufbeisst, schmeckt es ganz bitter...», freute sich der Apotheker Müller. Mutter freute sich auch. Aber alle freuten sich zu früh.

Zu Hause habe ich die neue Nagelsorte ausprobiert – zwei Daumen und ein Ringfinger gingen sofort drauf. Bitterschelm war ganz mein Geschmack. Mit der Zeit habe ich Nägel nature glatt verweigert...

Kürzlich rief mich nun Eva an. In Sorge: «Oliver ist depressiv...», klagte sie.

Ich habe meine Zweifel, ob man ein Kind, das 25mal durch die Achterbahn rattert und anschliessend in der Geisterbahn aus dem Wägelchen hüpft, um dem Gespenst guten Tag zu sagen, als depressiv bezeichnen kann.

Aber Eva ist nicht zu bremsen: «Er kaut Fingernägel – seit neustem. Ich habe ihm Doktor Müllers Nagelschelm kaufen müssen...»

Wie ich unsere sagen- und nagelumwobene Familie kenne, hat sie damit Olivers Geschmack auf den Nagel getroffen...

Adenauer, Marx und eine Bowle

Mutters Freundin hiess Hannelore. Sie wohnte in Deutschland. Ihr Mann war Holger – und Vaters Dorn im Auge.
«Dieser blöde Duttlinger. Ein klarer Rechtswixer, das! Kannst du dir nicht gescheitere Freunde aussuchen?»
Mutter blieb Dame: «Was weisst du von links und rechts, Hans?», meinte sie hoheitsvoll, «ein Leben lang auf den Schienen, an jeder Kreuzung ‹bimmbimm› und Epa-Parfum für die Billeteusen – du solltest Hannelore und Holger schon mein Problem sein lassen.»
Dann sagten sie sich einiges, und Rosie seufzte: «Und so was nennt man kleinen Grenzverkehr!»
Es kam Hannelores Geburtstag. Und somit eine Einladung. Goldschnitt. Und teuerstes Büttenpapier. Dazu: u.A.w.g.
«Natürlich werden wir fahren, Hans – ich habe bereits zugesagt. Du siehst ja: u. A. w. g.»
«Ja», donnerte Vater, «um acht wird gegessen – kenn' doch den Blödsinn! Aber wenn dieser Holger wieder mit seinem Adenauer anfängt...»
«Lass du deinen Karl Marx zu Hause!», meinte Mutter gütig.
Aber Vater fuhr mit Karl Marx an. Und Holger hatte den Adenauer bereits am Tisch – so wurde es ein nettes Festchen...
Der Empfang fand im Garten statt. Es gab Bowle – für uns Kinder Limonade. «Dürfen wir auch von der Bowle haben?», krähte Rosie.
«Ihr spinnt ja wohl!», wetterte Mutter.
Dann wurden die Gäste ans kalte Buffet ins Gartenzimmer gerufen – wir Kinder erhielten ein Tablett mit Pumperniggel und Quark. Vermutlich Adenauers Erziehungs-Vorschläge...
Elke, die Tochter des Hauses, schaute uns entschuldigend an: «Sobald die am Buffet sind, hole ich uns etwas Rechtes. Im Eiskasten hat's Gänseleber. Und irgendwo ist auch noch geräucherter Salm...»
Elke hatte meine ganze Bewunderung. Als sie dann gar mit der Bowle ankam, kannte meine Liebe keine Grenze: «Die Schale ist noch halb voll – da versucht mal!»
«Schmeckt wie Sirup – nur besser», strahlte Rosie und füllte

sich einen leeren Bierkrug damit: «Na dann prost – auf Adenauer und Marx!»

Die Diskussionen aus dem Gartenzimmer waren nicht zu überhören. Mit jeder Flasche wurden sie lauter. Manchmal hörte ich Mutter rufen: «Hans – assez maintenant!» Aber Lawinen, die donnern, bremst man nicht. Vater nannte Holger einen miesen Kapitalisten im Westentaschen-Format. Und Holger hickste bereits: «Du... du...wichtigtuerisches Kuhschweizerli mit Trambimmel... haha!» Worauf Mutter zu Hannelore lächelte: «Wirklich ein Erfolg, deine Party – mein Hans geht sonst nie so aus sich heraus. Wo nur die Kinder sind?»

Die Kinder lagen derweil unter dem Tisch und schliefen selig. Wir hatten die ganze Bowle geschafft. Und als nun auch Vater mit Schlagseite zu uns kam, schlug Mutter das Kreuz: «Ein Wagen voll Alkohol – wie kommen wir nur über die Grenze!» Vater hatte wirklich zünftig geladen. Als der Schweizer Zöllner seinen Ausweis sehen wollte, brüllte er ihn an: «Nimm gefälligst Stellung an, Genosse – so ein Milchbüblein wie du ist wohl kaum während des Krieges an der Grenze gestanden...»

Der Beamte rief die Polizei. Und schon kamen die mit dem Röhrlein. Die Röhrlein waren damals ganz neu und erregten unsere grosse Aufmerksamkeit.

«Da blasen Sie!», befahl der Herr Polizist.

Nun wurde Vater doch etwas ruhiger: «Ich habe gar nichts getrunken – und in so modernes Zeug blase ich nicht. Wer weiss, was man da auflesen kann, nein...»

«BLASEN SIE ENDLICH!», donnerte der Uniformierte.

Und Vater blies. Er blies zünftig. Und die Polizei traute ihren Augen nicht: «Das ist ja vollkommen unmöglich... soviel verträgt ja kein Mensch und...»

«Wir wollen auch blasen!», krähte Rosie von hinten. «Seid still», blitzte Mutter – aber da hatten wir das Schläuchlein auch schon im Mund. Nun wurde die Polizei sehr blass: «Nein – das gibt es nicht. Da muss unser Apparat defekt sein. Die haben noch mehr als ihr Vater – nichts für ungut. Aber das Gerät ist kaputt. Wir wünschen Ihnen gute Fahrt...»

«Na also!», meinte Vater. Und der Zöllner lächelte nun auch: «Ich bin tatsächlich nicht an der Grenze gestanden... meine Füsse... Sie verstehen»

So schied man als Freunde.

Und Mutter schickte Hannelore einen Brief (Goldschnitt und Bütten): «Ein unvergessliches Fest – aber nächstes Mal sollten wir vielleicht die Bowle und den Adenauer nicht unbeaufsichtigt herumstehen lassen...»

Die dicke Berta

Als Kinder haben wir uns stets auf die grosse Messe gefreut. Die «kleine» taten wir mit Nasenrümpfen ab – Mutter verstand uns nicht: «Gerade der Petersplatz ist doch besonders nett mit seinen Ständlein…»

«Du willst nur das Geld für die Bahnen sparen…», brummte Rosie.

«Also, ich finde die Mustermesse mit den Schiessbuden auch aufregender», stimmte Vater uns zu. Mutter bekam eine spitze Nase: «Die Schiessbuden und ihr Inhalt, Hans…»

Das war ihr persönlicher Schuss ins Schwarze. Und Vater machte, dass er aus dem Schussfeld kam…

Eines Tages erschien nun Dora Muff auf dem ÖKK-Spielplatz. Dora Muff war die Landplage der Saison. Unsere Mutter sah in Dora Muff den Inbegriff von «gut erzogen». Dora wurde zum täglichen Werbespot beim Mittagessen: «Wie sauber Dora doch immer angezogen ist… Und Dora kaut auch keine Fingernägel… Gestern habe ich gesehen, wie Dora für ihre Mutter eingekauft hat!»

«Sie ist zum Kotzen», murrte Rosie. Und musste sofort vom Tisch. Entsprechend waren unsere Gefühle für Dora.

Auf der Kletterstange gab sie prompt ganz dick an: «Gestern bin ich an der Messe gewesen. Ich habe zwei Kilo Türkenhonig bekommen. Und 34mal Himmalajabahn. Ein netter, junger Bursche hat sich in meinen Schlitten gesetzt, und als dann der Tunnel kam…»

«…da war er sicher froh, dass er im Dunkeln deine dumme Birne nicht anschauen musste», soweit Rosie. Wie gesagt: dorageschädigt.

Dora Muff schwieg beleidigt. «Immerhin habe ich die dicke Berta gesehen…ihre Beine sind dreimal so dick wie der Eiffelturm. Und ihr Kinn so gross wie unsere Badewanne… Du wunderschönes, kleines Mädchen, hat sie zu mir gesagt. Dann durfte ich auf ihr Knie klettern – das war wie eine Himmalaja-Expedition. Und…»

Dora konnte einen schon nerven. Aber die Sache mit der dicken Berta wurmte uns besonders. Bei uns zu Hause war das

Thema nähmlich trotz Quengeln und Stürmen tabu: «Die arme Frau wird von allen Leuten angeglotzt», seufzte Mutter. «Und die Menschen machen so unfein grosse Augen. Sie stellen die unmöglichsten Fragen... an so etwas gehen wir nicht.» – Damit wurde die dicke Berta ad acta gelegt. Rein bildlich.

Am freien Mittwochnachmittag lungerten wir auf der Mustermesse herum. Wir suchten den Wohnwagen der dicken Berta – «Vorstellung 15 Uhr» stand da. Und wir standen ebenfalls.

Ein kleiner Junge mit Sommersprossen und Zahnlücke schaute uns misstrauisch an: «Wollt ihr sie sehen?»

«Wollen schon – haben aber kein Geld. Es reicht nur für zwei Wybeeri-Mögge», soweit Rosie mit einem tiefen Seufzer.

«Lasst ihr mich mal lutschen – ich bring euch dann zu ihr. Sie ist meine Tante. Und trinkt im Wohnwagen Kaffee...»

Wir liessen ihn lutschen. «Ihr dürft sie ruhig anfassen», nickte der Kleine gutmütig. «Sie ist sehr nett. Sie wiegt jetzt 240 Kilo – seit vier Tagen hat sie drei Pfund abgenommen. Vermutlich der Stress in Basel. Hier ist sie sehr beliebt – ihre Mutter kam aus Birsfelden. Jetzt futtert sie täglich drei bis vier Kilo Cognac-Bohnen. Damit sie nicht vom Fleisch fällt...»

Unsere Bewunderung wuchs. Wir hätten auch gerne eine solche Tante gehabt.

Die dicke Berta thronte, ganz Königinmutter, auf einem Sofa. Sie lächelte uns freundlich entgegen: «Hat Tobias euch mitgebracht? – Das ist recht: Junge Menschen müssen junge Freunde haben – wollt ihr eine Tasse Kaffee?»

«Vielleicht haben Sie noch eine Cognac-Bohne?», seufzte Rosie sehnsüchtig. «Und dürften wir einmal auf ihr Knie klettern – es ist wegen Dora... wenn Sie es uns auch gleich noch schriftlich geben könnten...»

Auf dem ÖKK rieben wir Dora die Photo von der dicken Berta unter die Nase. Mit Autogramm: «Für die beiden reizenden Basler Kinder -minu und Rosie, die auf meinem Knie sitzen durften!»

«25 Kilo Cognac-Bohnen haben wir verdrückt!» gab Rosie an. «Und ich habe sie unterm Kinn kitzeln dürfen», trumpfte ich auf.

Doras Lippen waren ein dünner Strich. Dann zischte sie: «Paaahh – das ist gar nichts. Gestern haben sie in der Broadway-Bude eine lebendige Frau versägt. Und da hat der halbe

Oberteil zu mir geflüstert: «Du wunderschönes, kleines Mädchen...»
Wie gesagt: die Landplage der Saison.

Hommage an das Zuckerbrot

Das Zuckerbrot ist aus der Mode gekommen. Nicht so die Zuckerbrot-und-Peitsche-Mentalität – aber die steht hier nicht zur Diskussion.

Wir waren Zuckerbrot-Kinder. Heute bezahlen wir diese süsse Kindheitszeit mit teuren Zahnarztrechnungen – aber wir bezahlen gerne. Denn solche Zuckerbrot-Erinnerungen sind gar nicht mit Geld aufzuwiegen. Überhaupt «Schnittli» – unsere Schulzeit war geprägt von «Schnitte».

Manchmal auch von ranzigen Ranzeschnitte – moderne Psychologen haben mir einpauken wollen, die hätten mein Innerstes zerstört. Stimmt nicht. Ich habe überlebt. Und mein Ranzen auch.

Die Schnittli – manchmal mit Gonfi, manchmal mit Mettwurst und sehr oft mit Butter und Zucker – die Schnittli also wurden in steifes Papier eingewickelt. «Wurstpapier», so sagte man. Später ist es von der Alufolie verdrängt worden – die Schnittli wurden glänziger. Aber nicht schmackhafter.

Zum Znüni schälten wir dann jeweils unsere Brote aus dem Papier, holten bei Abwart Rössler die Pausenmilch und waren mit der Welt zufrieden.

Kamen wir um vier Uhr aus der Schule und hatten keine Aufgaben, schellten wir an der Hausglocke, bis Mutter den Kopf zum Fenster hinausstreckte: «Was isch los?»

«Mach ys e Schnitte!», riefen wir.

Fünf Minuten später donnerte das grosse Stück Baslerbrot mit dem dicken Butterbelag und dem Zucker, der wie eine Eislandschaft flimmerte, in Papier eingewickelt durchs Fenster hinaus.

Dora rümpfte stets die Nase: «Eine Ess-Kultur habt ihr – also wirklich! Wie kann man nur so gewöhnlich sein…»

Sie deckte sich bei Schneiderhan mit Mohrenköpfen und Vermicelles ein und vertilgte diese auf dem Ök-Bänggli. Neben solchen Köstlichkeiten sind die Zuckerschnitten natürlich zünftig verblasst.

Eines Tages schlug sie einen Tausch vor: «Halbes Vermicelle gegen eine Zuckerschnitte!»

Wir waren einverstanden. So begann ein florierender Handel, ja, Mutter kam aus dem Staunen ob des elefantösen Appetits ihrer Sprösslinge nicht mehr heraus: «Also jetzt hat jedes von euch vier Zuckerschnitten vertilgt – da stimmt doch etwas nicht?!»

«Sie wachsen eben!», verteidigte uns Grossmutter. Und auf der Strasse warteten Doras Freundinnen bereits auf Nachschub. Die bezahlten in bar – mit Cola-Fröschli und Tiki-Limonaden. Unsere Zuckerschnitten GmbH segelte auf Hochkurs – oder anders: Wir erlebten eine ungeheure Hausse, deren Dividende sich in über 100 Cola-Fröschli über uns schüttete.

Leider meinte Frau Aenishänsli im Konsi zu unserer Mutter: «Ich habe gehört, dass Sie mit Zuckerschnitten so nebenbei verdienen...?»

Das Resultat war pfeffrig. Und die Zuckerschnitten wurden vom Zvieri-Plan gestrichen. Künftig gab's nur noch ein Stück Brot und Apfel von der Hurd.

Später ist die Zuckerschnitte ganz in Vergessenheit geraten. Im RG verkaufte Abwart Rössler während der Pausenzeit «siessi Weggli» und Silserli. Im übrigen ist und isst man heutzutage zuckerbewusster: Zuckerschnitten machen Karies. Und schmecken deshalb dreimal so gut.

Immerhin – manchmal, wenn ich so richtig Cafard habe, säble ich ein dickes Stück Brot vom Basler Pfünderli ab, bestreiche es fingerdick mit Butter, schütte Zucker in einen flachen Teller und drehe d'Anggeschnitte darin.

Mag sein, dass Dora Muff recht hatte und ich kulinarisch höchst gewöhnlich bin. Aber für mich bleibt die Zuckerschnitte ein Dreisterne-Erlebnis...

Der rote Santiklaus

Bei uns hiess der Klaus Alphonse. Es war immer Onkel Alphonse. Wie haben ihn schon beim ersten Mal an seinem schwankenden Schritt entlarvt: «Der ist stockblau – das kann nur Onkel Alphonse sein!» (so Rosie, die Vorlaute). Und Mutter schoss einen giftigen Blick zu Vater: «Deine Familie! – Weshalb hast du auch diesen Säufferich nehmen müssen...?»
Schon hatten wir Onkel Alphonse die Klausenhaare abgerissen – die Sache war klar: falscher Vollbart und echter Vollrausch.
Nun ärgerte uns Dora Muff stets mit ihren klassenklausigen Schilderungen: «Unsrer ist ein richtiger Erzbischof. Mit Stab. Und rotem Samtmantel. Und er trägt einen Edelstein so gross wie ein Hühnerei...»
«Das Ei kannst nur du gelegt haben, du Suppenhuhn!», konterte Rosie. Dora rümpfte beleidigt die Nase: «So einen Trunkenbold wie euren Onkel Alphonse trifft man in der ganzen Klausengilde allerdings nirgends... so etwas ist typisch für solche, wie ihr seid...»
Damit war der Krieg angesagt...
Vater hörte unser Jammerlied und ging mit 200 PS an die Decke: «Diese Muffs sollen uns kennenlernen – ein Erzbischof, lächerlich! Ich werde euch den rötesten Santiklaus dieser Stadt auftreiben. Samt Esel...»
«Dann wirst du deine ganze Partei zusammenrufen müssen...», unterbrach Mutter eisig.
Wir aber alarmierten die ganze Strasse: «Heute abend kommt zu uns der röteste Santiklaus, den man sich vorstellen kann... er ist vom Weihnachtsengel begleitet und...»
Die Sache mit dem Weihnachtsengel hatte uns Tante Esmeralda eingebrockt. Als junges Mädchen spielte sie in der Theatergruppe «Walhalla». Seither hielt sie sich für dramatisch.
Natürlich war um halb neun Uhr abends weit und breit kein Klaus zu sehen. Dora stemmte die Hände in die Hüften: «Wieder alles erstunken und erlogen. Typisch für euch...»
In diesem Moment sahen wir von weitem ein schwankendes Grüpplein. Ganz vorne flatterte Tante Esmeralda im weissen

Nachthemd und den Kartonflügeln als Engel der Verkündung: «Wir kommen… wir kommen… aber der Esel bleibt alle drei Schritte stehen… und Onkel Alphonse ist stockblau… er hat in jeder Wirtschaft Wasser für das arme Tier geholt…»

Auch Vater bot ein eigenes Bild: Im roten Wollmorgenmantel unserer Mutter lehnte er sich immer wieder an Knecht Ruprecht alias Onkel Alphonse an. Die beiden schwankten wie zwei saure Tannen im Wind: «Also Kinder… wie findet ihr den roten Klaus…? Ich habe noch nie einen Esel gesehen, der so viel Wasser säuft… hihi…»

«Ich schon», zischte Mutter. In diesem Augenblick kam eine riesige Limousine angefahren. Im Fond sass Doras zündroter Erzbischof. Er klingelte wichtigtuerisch mit der Glocke und klopfte effektvoll mit dem Stab.

Das Quartier schaute beindruckt. Auch unser Esel guckte hin und entleerte sich nach einem würdigen Wiehern mit tosendem Geräusch. Der Bischof sprang erschreckt zur Seite, stolperte über den Trottoirrand und krachte zu Boden. Sein Bart war auf Halbmast, und jetzt erkannten wir in ihm den Milchmann Vögtli…

So hat ein grauer Esel Doras Bischof die Show gestohlen – die Welt kennt doch noch Gerechtigkeit!

Die grosse Kiste...

Es gibt Leute, die können schenken. Und treffen immer das Richtige.

Dann gibt es die andern. Wie etwa mein Onkel Fritz. Seit ich ihn kenne, rennt er am 24. Dezember in das Sigare-Lädeli der Hermine und steht konsterniert vor ihr: «Was lege ich dem Bethli unter den Baum?»

Daraufhin schickt ihn die Hermine einfallsreich zum nächsten Feinwäschegeschäft. So hat das Bethli heute eine Auswahl an Nachthemden, dass ihre Namensbase aus England vor Neid darob erblassen würde.

So fritzig. So witzig.

Mit Christoph steht es ähnlich. Christoph ist die Güte in Person – so lange er nicht zum Portemonnaie greifen muss. Er verschenkt tonnenweise gute Ratschläge. Aber die Briefträger grüssen ihn nicht. Man weiss warum.

An Weihnachten überreicht er seinem liebsten Freund ein Buch. Antiquarisch. Manchmal fällt auch ein Zettel heraus: «Mit freundlichen Grüssen Ihr Bankverein».

Zeigt man sich erstaunt, wird er rot. Und verschnupft: «Dir kann man überhaupt keine Freude machen...» Soweit seine Logik auf Sparflamme.

Nachdem ich nun etliche Jahre dieser Bescherung zugesehen habe, reifte der Entschluss: Man muss ihn überlisten. Ich hatte endgültig genug von Migros-Taschentüchlein in Geschenkverpackung – insbesondere seit ich im Schaufenster der Spillmann-Boutique einen Koffer gesehen habe. Rammelvoll mit Goldbesteck. Und eben das Goldbesteck wollte ich – wozu hat man denn Freunde? Also!

Ich ging sehr diplomatisch vor. Und rief Dorette an. Ich bat sie, bei meinem lieben Freund Christoph doch einmal ein nettes Wort über diese Kiste fallenzulassen. Etwa, dass ich mir so etwas sicher schon längst gewünscht hätte – man stelle sich vor, zwölf goldene Löffel, zwölf goldene Messer. Und alles noch in einem Koffer verpackt. Sicher, der Preis sei nicht gerade niedrig – aber eine enorme Gelegenheit und überhaupt...»

Als ich wenige Tage später die Spillmann-Boutique betrat, we-

delte mir ein aufgeregter Monsieur Péghy entgegen: «Ouiiiiii…isch weiss etwas…isch sag gar nischt…»
Da wusste ich, dass man sich auf Dorette verlassen kann. Und das Gold unterm Weihnachtsbaum liegt.
Es war ein historischer Moment. Fast möchte man sagen: Die Welt ist für eine Sekunde stehengeblieben. Natürlich habe ich sofort die Einladungen geplant – das Besteck musste vorgeführt werden. Ich buchte den ganzen Januar mit Gästen aus.
Und spielte zu Hause den Ahnungslosen – etwa, wenn Christoph mit geheimnisvollen Anspielungen die Adventszeit würzte: «Also Dein Weihnachtsgeschenk fängt mit -B- an und…»
«Was kann das wohl sein?», flötete ich lauter Fragezeichen und beschloss insgeheim noch ein goldenes Tischtuch zum Besteck zu kaufen.
Am Heiligen Abend entdeckte ich das Riesenpaket sofort unterm Baum. «Du kannst ihm zumindest ein bisschen Überraschung vorspielen…», hatte Dorette gemahnt, «…sonst vergeht ihm die Lust künftig an solchem Schenken!»
Der Rat war gut. Und goldig. Ich verwarf also Hände, machte «zzzzz – was da wohl drinnen ist?» und riss die Seidenschleife vom Paket.
Langsam zeigte sich die Besteck-Kiste, die ich bei Spillmann im Schaufenster gesehen hatte: «Ohhh» – jubelte ich. «Eine Besteck-Kiste?! Wie hast Du nur erraten können, dass…
Christoph winkte grossmütig ab: «Der kleine Finger hat mir…»
Ich öffnete die erste Schublade. Und dann war die Überraschung wirklich perfekt: ein einziger goldener Löffel, eine einzige goldene Gabel, ein einziges goldenes Messer!
«WO IST DER REST?», schrie ich.
Christoph schaute leicht indigniert: «Welcher Rest?»
«Das Service ist doch für zwölf!», rief ich aufgebracht.
Nun wurde seine Nase aber spitz und kalkig: «Also Du glaubst doch nicht im Ernst, dass ich Dir gleich dieses ganze teure Besteck so mir nichts, dir nichts zu Weihnachten gebe? Den zweiten Löffel bekommst Du an Deinem Geburtstag. Den dritten heute in einem Jahr und…»
Meine Lieben – die Welt ist nicht stehengeblieben. Und ich werde sie erst in etwa fünfeinhalb Jahren zum Essen einladen können…

Silvester in Moskau

Meinen eindrucksvollsten Silvester habe ich zweifellos in Moskau erlebt.

Am Schalter der Swissair schauten sie misstrauisch: «Moskau einfach? Wollen Sie nicht mehr zurück?»

«Ich werde etwa zwei Monate in Russland arbeiten», verkündete ich sonnig.

«Aha», sagte die Swissair-Groundhostess, «aha – jedem nach seinem Geschmack!»

Natürlich hat man mir die Hölle heiss gemacht: «Du wirst schon sehen – keinen Schritt lassen sie dich alleine tun. Immer wirst du überwacht. Warmes Wasser hat es auch nicht in den Hotelzimmern. Und Badewannenstöpsel suchst du umsonst...»

Selbst mein Vater, alter Moskau-Fahrer, raunte mir auf dem Flughafen zu: «Hast du Klo-Papier? Das haben sie nirgends...»

Ich kaufte in Windeseile noch rasch fünf Rollen.

In Moskau haben sie mich am Flughafen abgeholt: eine Dame von Intourist. Und ein Mann der Schweizer Botschaft.

«Sie bleiben also zwei Monate?», lächelte die Intourist-Frau. «Das ist schön. So werden Sie etwas von unserem Land sehen. Die meisten Leute kommen nur für drei, vier Tage. Sie gehen in den Kreml und ins Bolschoi-Theater. Und sie erzählen dann vom schlechten Wetter...»

Im Hotel herrschte Riesenbetrieb. Man gab mir den Zimmerschlüssel. Automatisch ging ich zum Wasserhahn. Er funktionierte. Er hat später in Sibirien oder in Taschkent, in Baku und Samarkand immer funktioniert. Auch Badewannenstöpsel waren da.

Moskau feierte Silvester. Und fast fühlte ich mich eine Woche in der Zeitrechnung zurückversetzt. Frauen hasteten mit Weihnachtstannen unterm Arm vorbei. Männer eilten aus Warenhäusern – riesige Teddybären unterm Arm. Und manchmal konnte man in den riesigen Hochhäusern in eine Stube, wo eben die Rottannen mit allerlei bunten Kugeln geschmückt wurden, blicken.

«Heute kommt Väterchen Frost», erklärte man mir. «Er bringt den braven Kindern viele prächtige Sachen...» Heiligabend-Ambiance also – sieben Tage verspätet.

Später bin ich mutterseelenalleine durch die Silvester-Nacht in Moskau spaziert. Hinter den Fenstern haben Weihnachtstannen gefunkelt, und gegen Mitternacht füllte sich der Rote Platz. Raketen warfen bunte Sterne in den Nachthimmel, junge Leute sangen. Und als es Mitternacht schlug, umarmten sich die Leute auf der Strasse.

Früh morgens hat mich die Untergrundbahn im mein Hotel gebracht. Die Schweizer Touristen waren alle noch auf – das Silvester-Programm hatte Mitternachts-Kaviar und Wodka à discrétion versprochen. Man trank. Und war in rührseliger Stimmung.

Um zwei Uhr morgens, als nach Schweizer Zeit Neujahr gefeiert wurde, stimmte einer laut die Nationalhymne an: «Trittst im Morgenrot daher...»

Zwei Tage später bin ich auf dem Moskauer Flughafen gestanden, habe auf meine Maschine nach Irkutsk in Mittelsibirien gewartet.

Die Schweizer Reisegesellschaft deckte sich im Duty-Free-Shop mit Wodka ein. Jemand sagte: «Das Silvester-Buffet war grossartig – ich habe in meinem Leben noch nie so viel Kaviar gegessen. Aber ansonsten wird man eben doch überall bewacht...»

Die Menschen werden stets das glauben, was sie glauben wollen...

Am Anfang war das Ei...

Meine ersten Schultage waren vom Ei geprägt. Seltsam. Ich weiss heute noch nicht, weshalb ich das Ei ausgesucht habe. Es passiert mir allerdings oft, dass ich eine Entscheidung treffe, die mir vollkommen gegen den Strich geht. Irgendwie läuft dann der Mechanismus falsch. So war's auch mit dem Ei.

Herr Ruppli, unser Primarlehrer, nahm uns freundlich in Empfang: «Jeder von euch bekommt einen Kleiderhaken. Den habt ihr dann für vier Jahre. Neben dem Haken klebt ein Bild, damit ihr wisst: Das ist meiner. So, und jetzt rufe ich die Namen auf. Und ihr dürft euch so ein Bild aussuchen.»

Als ich aufgerufen wurde, war schon einiges weg. Doch immerhin gab's noch einen grinsenden Jesuskäfer. Ein Herz (feuerrot). Einen Elefanten, der sich per Rüsseldusche abbrauste. Und einen Spazierstock. Aber nein: Ich sah das Ei. Es war ein Frühstücksei im Eierbecher. Höchst unromantisch. Ein Ei, das wie ein eiweisser Glatzenkopf aus dem Becherlein emporwuchs. Fertig.

«Ich nehme das Ei!» sagte ich leise.

Mutter zuckte zusammen. Und eine Dame flüsterte: «Ein seltsames Kind.»

«Willst du wirklich dieses Ei?» fragte Herr Ruppli ungläubig.

«Ich will dieses Ei», sagte ich, jetzt schon sehr bestimmt. Ich war leicht erregbar.

Zu Hause brütete Mutter das Ei am Mittagstisch gross aus: «... und dabei gab es so wundernette Sachen. Ein Rössli Hü war auch sehr hübsch gezeichnet. Und ich denke, mich trifft der Schlag, wie der sich das Ei aussucht...»

Grossmutter schaute mich von der Seite misstrauisch an: «Ein eigenartiger Bub! Von unsrer Seite hat er das jedenfalls nicht...»

Und Vater tobte: «Gebt ihm endlich Lebertran... das Kind hat einen Mangel... aber auf mich hört ja keiner!»

So wurde aus meiner Hakenwahl das Ei das Anstosses.

Dorothée Muff (vulgo: Dorli) hatte mehr Geschmack. Es wählte das feuerrote Herz. Und war somit bei allen ein «Herziges».

«Weshalb kannst du nicht so sein wie Dora?» jammerte Mutter, die mit Frau Muff in Garderoben-Fragen wetteiferte. «Dora ist ein Kind mit Gefühl und Herz – du aber wähltest das Ei!» Ihre Augen waren ein einziger Vorwurf. Und ich hätte dem herzensguten Dorli am liebsten eine Ladung von meinen Eiern auf den Kopf geknallt.

Mit der Zeit wurde die Ei-Geschichte vergessen. Meine Mitschüler hörten auf, «Ei... ei... ei, der Eiermann» zu brüllen. Und Mutter seufzte auch nicht mehr still vor sich hin, wenn sie am Sonntagmorgen die «Eier im Becher» servierte. Nur ich wurde täglich beim Mantel-Aufhängen mit diesem verdammten Garderoben-Ei konfrontiert. Und war glücklich, als ich nach vier Jahren den Eierbecher aufgeben konnte.

Im RG wurde ich von Bruno Mayr empfangen: «Jeder bekommt seinen Kleiderhaken. Wir haben sie nach Farben gekennzeichnet. Ich rufe nun die Namen auf...»

Ich wählte Pink. Schock-Pink. Und ich brauchte mich nicht umzudrehen, um zu wissen, wer da so deutlich nach Luft geschnappt hatte.

Zu Hause haben sie dann wieder getobt. «Hört endlich auf mit diesen dummen Lebertranpillen!» fluchte Vater, «die bringen doch alles durcheinander. Aber auf mich hört ja niemand...»

«Im Mädchen-Gymnasium hat Dora Muff auch ‹Pink› gewählt», versuchte ich die Rosa-Stimmung etwas aufzubleichen.

«Du hast recht, Hans – wir setzen den Lebertran ab», stöhnte Mutter.

Eltern wissen nie, was sie wollen.

Als der Vogel Gryff ins Grossbasel kam...

Man kann sich sein Ufer nicht aussuchen. Wir sind am falschen auf die Welt gekommen. Das haben wir schon als Kind zu fühlen bekommen. Immer im Jänner. Und immer, wenn die Binggis im Kleinbasel den zuckersüssen Schnägg empfangen konnten.

Schon damals haben wir gemerkt, dass so ein «Schnägg» die Welt auf den Kopf stellen kann. Wir waren zutiefst bekümmert: «Weshalb gibt's im Grossbasel keinen Vogel Gryff...?»

Mutter seufzte: «Wir haben im Grossbasel sehr viele Vögel...» Und Tante Agathe grinste hämisch. «Einige fliegen sogar in unserer Familie herum, nicht wahr Lotti...?

Mutter wurde nervös: «Pas devant les enfants!» Dann versuchte sie uns zu trösten: «Wir haben dafür den Lällekönig. Das ist auch etwas...»

«Der Lällekönig verteilt keine Zuckerschnecken», seufzte Rosie, «und wir Grossbasler Kinder sehen immer nur diesen tanzenden Wild-Maa-Hinterteil. Ich fordere den wilden Mann von vorne!»

«Aber liebes Kind, den hast du doch jeden Tag direkt vom Sechsertram», flötet Tante Agathe, «dein Vater ist...»

«Schluss jetzt mit dem Mist», donnerte Mutter, «ihr werdet euch gefälligst mit dem Hinterteil des Wilden Maa abfinden. Und zu dir, liebe Agathe: besser ein wilder Trämler von vorne als ein lahmer Briefmarkensammler im Schaukelstuhl...»

Tante Agathe stiess einen spitzen Schrei aus. Dann sahen wir, dass in Basel auch wilde Frauen herumtanzen können...

Dora bohrte in der Nase: «Dieses Jahr zeigen wir's aber diesen Rammeln ääne am Rhy. Mein Plan ist ganz einfach: Wir verkleiden uns, tanzen den Schneewittchenwalzer, und segeln so den Rhein herunter – die Kostüme habe ich. Was wir noch brauchen, ist ein Floss.»

Wir stürmten zu Onkel Alphonse. Er war für solche Sachen ideal – «aber Kinder, wenn's weiter nichts ist. Wir könnten doch das Langschiff vom Lauer Seppi nehmen – er soll euch stacheln. Und ich werde als Kanonier vorne die dicksten Kracher ablassen, die ihr je gehört habt. Haben wir eine Musik?»

Dora hatte. Sie organisierte die Berliner Philharmoniker. Samt Herbert von Karayan. Alles auf Schallplatte – das Grammophon funktionierte mit Batterieantrieb. Die Berliner Philharmoniker wurden zur rauschendsten Sache der Welt. Allerdings hatten sie einen Hick. Aber wer hat das nicht – eben. Wir nahmen sie auch so.

Am frühen Morgen des grossen Kleinbasler Tages also schwänzten wir die Schule. Wir trafen uns im Keller von Dora Muff – hier war Kostümverteilung: Rosie erhielt eine Basilisken Larve, etwas zerfranst und riesengross. «Damit kann ich überhaupt nichts sehen…», brummte sie.

«Du sollst nicht sehen, du sollst tanzen», erwiderte Dora Muff hoheitsvoll und band sich eine seltsame Halblarve um: «Die hat meine Mutter am Wiener Opernball getragen – es ist ein Katzengesicht. Also bin ich der Leu. Dazu lege ich Mutters Negligé über die Skihosen an…»

Rosie schaute neidisch auf das prachtvolle, lange Nachtgewand. Allerdings war's viel zu gross und musste mit der Schere gekürzt werden…

Dann holte Dora ihr verwaschenes, rosafarbenes Tüll-Tutu aus der Ballett-Schublade: «Das ist der Wild-Maa-Apfelrock», sagte sie schlicht. Die Mädchen schauten mich durchdringend an. Die Rollen waren also verteilt. Mit einem Seufzer stieg ich in den Ballettrock und setzte Vaters Trämler-Mütze auf. Die Mütze hatten wir mit Efeu garniert – das BVB-Zeichen wurde durch einen Apfel verdeckt.

So schlichen wir aus dem Haus und marschierten an den erstaunten Passanten vorbei zum Birskopf. Onkel Alphonse erlitt einen Lachanfall, als er uns kommen sah. Er hatte sich lediglich eine rote Pappnase ins Gesicht gesteckt, während sein Freund, der Lauer Seppi, als venezianischer Gondoliere daherkam.

«Punkt elf Uhr fahren wir los», befahl Onkel Alphonse. Dann hielt er dem Lauer Seppi eine Flasche hin: «Edler Rum – der Grossbasler Gryff soll leben!»

Das tat er dann auch. Mit Donner und Doria gingen die Kracher von Onkel Alphonse los. Zwar war die Tanzfläche im Langschiff fürchterlich eng, dafür fidelten die Berliner Philharmoniker mit einem derartigen Crescendo den Schneewittchenwalzer, dass die Münstertürme wackelten.

Wir hüpften elegante «Pas de chats», fuchtelten mit den Händen und warfen Kusshändchen. Der Lauer Seppi, angefeuert von einem halben Liter Rum, übergröhlte die Philharmoniker mit «… darum ist es am Rhein so schön», und – wummmmmm!» – donnerte Onkel Alphonse als Antwort mit seinen Krachern.

Als wir mit dem Wild-Maa-Floss auf gleicher Höhe schifften, warfen wir den Ehrengästen Cola-Fröschli zu. Die Leute am Rheinufer applaudierten wild, nur der arme Wild Maa, der sich ja nicht drehen durfte, hatte keine Ahnung, was das Getue rings um ihn herum eigentlich sollte.

Wir landeten an der Schifflände – Grossbasler-Seite, so wie es sich für einen Grossbasler Vogel Gryff eben gehörte. Rosie, die um nichts in der Welt ihren Basilisken-Kopf ausgezogen hätte, torkelte zum Steg, verpasste ihn knapp und tauchte im Wasser unter. Mit diesem gewagten Schritt hatten wir endgültig alle Gryff-Zuschauer auf unserer Seite.

Zu Hause hörten wir natürlich einiges. Als dann aber Arnold Diriwächter, der berühmte Basler Reporter, gar eine Reportage über uns machen wollte, war die Familie doch sehr geschmeichelt.

«Es ist einfach nicht richtig, dass wir Grossbasler Kinder keinen Zuckerschnägg bekommen», bekannte Rosie dem Zeitungsmann. Und mit dem Artikel: «Grossbasler Kinder protestieren gegen «Kleinbasler Schnägg» gingen wir dann in die Geschichte dieser Stadt ein.

Später sind wir oft kopiert worden. Etwa von den weltberühmten Läck(m)erli – aber man kann Champagner nie mit Kamillentee vergleichen…

Die berühmten Küchlein von Basel

Manchmal wetterte Mutter mit Rosie. Dann hagelte es Kopf-
nüsse. Und zahme Schimpfwörter. Etwa: «Bisch e Kiechli...»
Ähnliches hört man heute kaum mehr. Der Sprachschatz hat
sich gewandelt. «Goooht's no?» oder «dasch e Pumpi» heisst
es jetzt.
Der gern zitierte Basler Wirt namens «Channe» steigt gar
noch einen Ton höher. Falls ihn zu hochgestelzte, überpuderte
Damen aufsuchen, brüllt er sie an: «Isch hütt Waijedaag? –
Hänn d'Blääch wider Ussgang...» Interessant ist zumindest,
dass auch der Channe-Walter im Kuchen-Bild geblieben ist.
Küchlein haben in Basel eben stets ihre Rolle gespielt: Bei uns
wurde in den Wintermonaten «kiechlet», dass die «Waije-
blääch» glühten. Das begann mit den Grättimännern und hörte erst bei den Osterflädli auf. «Es gibt so eine urheimelige
Ambiance, wenn man aus der Kälte in die warme Stube
kommt und es dort nach ‹Kiechlete› duftet» – soweit Mutter,
«überdies schmeckt ‹Sälberkiechlets› allewyl besser, als das
gekaufte Zeug, wo kein Mensch weiss, was drin ist...»
«Also wenn ich deine ranzige Aktions-Margarine anschaue
und dann höre, dass das Butter-Schänggeli geben soll», giftelte Grossmutter.
«Es spricht jeder, wie er's versteht», schloss Mutter hoheitsvoll das Thema.
Wie gesagt: Kiechle war eine urheimelige Sache.
Eine Woche vor Fasnacht wurden bei uns die Fasnachtskiechli
auf Hochtouren gebacken. Wenn am Sonntag die Laterne in
die Stadt gepfiffen wurde, reichte man vorher Weissen und
Fasnachtskiechli herum. Die Kiechli wiederum wurden in eine
riesige Waschzaine gebettet – Kiechliberge mit zwei-, dreihun-
dert laubblattdünnen Rundummeli, ein jedes mit weissem
Schneezucker überpudert.
Mit den Fasnachtskiechli verhielt es sich natürlich ähnlich,
wie mit den Weihnachts-Gutzi: Bis zum grossen Tag vom «La-
däärne-Abhole» durfte kein Stück gegessen werden. Mit grossen Augen lungerten wir also während der Backzeit in der
Küche herum und schauten den Frauen zu, wie sie den Teig

hauchdünn auswallten. «Man muss durch den Teig die Zeitung lesen können – nur dann sind sie richtig», soweit Mutter. Und Grossmutter kicherte: «Das kommt Deinem Sparsamkeitssinn aber sehr zugute, nicht wahr Lotti?» Mutter blieb Dame: «Nur dünn sind sie richtig baslerisch – wenn man sie zu dick macht, sind's Berner ‹Chnüüblätz›. Und was haben die an einer Basler Fasnacht zu suchen?» Also wallten sie den Teig so dünn wie ein Seidentuch…

Die fast durchsichtigen Teigplatten wurden ins heisse Öl geworfen. Gespannt schauten wir auf die Friteuse. Es zischte, dampfte – und bald schon begann das weisse Rundummeli, geheimnisvolle Blasen zu werfen. Vulkane und Krater spuckten feuriges Öl aus – «grad wie Mondlandschaften» meinte Mutter. Dann drehte sie das heisse Kiechli geschickt mit zwei langen Holzstäblein.

Später kamen die zerbrechlichen Dinger aufs Kuechegitter, tropften dort ab und wurden schliesslich mit dem Puderzucker-Löffel traktiert – ja bald ähnelte das Fasnachtskiechli einer fröhlichen Schneelandschaft mit Ski-Hügeln und Schlittel-Bergen.

Zum Leidwesen von uns Schleckmäulern kam's nur selten vor, dass so ein «Kiechli» in Brüche ging. Wir jubelten dann auf – denn die kaputten Stücklein wanderten in unsern Bauch. Nie hat ein Kiechli besser geschmeckt, als so eine halbblaue, kaputte «Fasnachtskiechli-Schäärbe».

Einmal nutzten wir den Mittwoch-Abend, als die Familie ihre Abonnements-Plätze im Theater absitzen mussten. Wir waren also alleine zu Hause, alleine mit Zwirbel, unserer Allerweltsdackel-Mischung. Im ungeheizten Gästezimmer warteten zwei Zainen mit Fasnachtskiechli. Wir pirschten uns an – Rosie knabberte als erste. Dann war der Damm gebrochen. Ein Orkan ging über die Küchlein her – nach einer Stunde herrschte ein Chaos, wie bei Sodom und Gomorrha. Das Zimmer war eine einzige weisse Puderzucker-Schneelandschaft – und der Fasnachtskiechli-Berg ein Trümmerhaufen.

Rosie überschlug vollgefressen die Situation: «Das gibt Ärger!» Schliesslich holte sie aus der Küche die Büchse mit dem Puderzucker, pfiff unseren Dackel herbei und puderte ihn zuckrig voll. Dieser begann genüsslich zu lecken. Als unsere Lieben vom Theater nach Hause kamen, erlebten sie hier gleich nochmals ein Drama. «Zwirbel!» rief Mutter schrill. Dieser hüpfte weissgepudert aus dem Körbchen. «Das ist doch die Höhe – er ist über die Küchlein her... wer hat die Türe zum Gästezimmer offengelassen?»

Zwirbel schaute arglos. Aus dem Kinderzimmer tönte leises Schnarchen – nur Rosie flüsterte im Dunkeln: 38 Kiechli! Und 14 halbe. Ich kann meiner Lebtage keine mehr sehen...» Dann rülpste sie zufrieden: «Zwirbel kann morgen meinen Federhalter zerkauen. Eine kleine Freude hat er sich wirklich verdient...

Die Geschichte von der Fasnachts-Foti...

Mutter hat Fasnacht stets abgelehnt. Jemand, der an der Fasnacht «ausgespielt» wurde, war für sie erledigt. Und nicht selten habe ich zu hören bekommen. «Bisch verruggd – wenn de das machsch, kunnsch an dr Fasnacht!»
Entsprechend reagierte sie, als ich mir mit sieben Lenzen ein Piccolo wünschte.
«Woher er das wohl hat?», seufzte sie zu Vater. Doch dieser war ratlos. Denn punkto Fasnacht war mit ihm auch nicht viel los – er schätzte wohl die lustigen Einzelmäsggeli, die es sich im Hopfenkranz auf seinem Schoss bequem machten. Das war der Gipfel von Vaters Fasnachtslust.
Die Schützenhilfe kam völlig unerwartet von Grossmutters Seite. Sie, Inbegriff des alten Bürgertums, stiess alles über den Haufen und jeden vor den Kopf: «Das Kind will pfeifen? – Das Kind soll pfeifen!»
Sie segelte mit mir zu Herrn Zenker, der ihr das teuerste Piccolo andrehte – mein erstes Piccolo.
Die Familie reagierte entsetzt, unkte: «Das Alter... die arme Frau... so fängt es an...» Doch Grossmutter blieb gewohnt gelassen. Und zollte meinen Fortschritten auf dem Piccolo lächelnd Beifall.
Später, als ich zum ersten Mal in der jungen Garde mitmarschieren durfte, bezahlte sie das Kostüm. Mutter glaubte an Halluzinationen – immerhin war Grossmutter für ihre Sparsamkeit berühmt. Doch diese winkte nur ab: «Lass das meine Sorge sein – und kümmert Euch um Euren Mist!» Die Familie war ernstlich um ihren Zustand besorgt.
Nicht, dass Grossmutter ihren Enkel einmal am Cortège bewundert hätte, Sie wollte nicht in das «Gwimmel», wie sie es nannte. Nur als wir mit der Trommelschule am Monstre auftraten, sass sie in der vordersten Reihe. Und kommentierte: «Gar nit schlächt!» – das war höchstes Lob.
Es kam der Tag, wo sie ihre tausend Sachen packte und aus ihrem Haus ausziehen musste. Als ich ihr dabei half, unterbrach sie plötzlich die Arbeit und streckte mir ein Photo zu: eine Waggis-Chaise.

«Nimm's. Es gehört dir. Du bist der einzige in der Familie, der das verstehen kann. Als ich ein junges Mädchen war, hätte ich gerne Fasnacht gemacht. Eben – auf einer Chaise. Als Waggis. Genau wie die Arbeiter von meinem Vater.

Natürlich war Fasnacht damals für unsereins ein Ding der Unmöglichkeit. Dein Urgrossvater setzte sich zwar jeweils am Montag Nachmittag im ‹Storgge› ab und spendierte den Mässggeli vom besten Weissen – aber wehe, wenn so eine Maske die eigene Tochter gewesen wäre. Da hätte es gehagelt und geblitzt. Fasnacht was nichts für Frauen aus bürgerlichen Familien – die hatten zu Hause zu kiechle. Und eben dagegen habe ich mich aufgelehnt.

Gottlob waren da Dölf und Fritz – zwei Arbeiter meines Vaters. Die habe ich angefleht, sie möchten mich doch auf ihren Wagen mitnehmen. Sie haben sich die Fasnacht stets etwas kosten lassen, ein Cabriolet samt Chauffeur gemietet und sind so als Waggis-Pascha durch die Menge gefahren. Einmal nur wollte ich dabei sein.

Die beiden haben tatsächlich Kopf und Arbeitsstelle riskiert. Dein Urgrossvater wäre da unbarmherzig gewesen. Aber sie haben mich mitgenommen – im geliehenen Waggis-Kostüm. So bin ich Frau Fasnacht in die Arme gefahren, habe diesen Basler-Drogen-Zauber ein einziges Mal eingeatmet. Und dann für den Rest meines Lebens wieder meinen Platz eingenommen...»

Sie betrachtet noch einmal das Photo, lächelt etwas wehmütig: «Ich habe stets gehofft, meine Töchter würden sich für die Fasnascht erwärmen – aber da war nichts. Als du mit deinem Piccolo-Wunsch kamst, habe ich richtig aufgeatmet: gottlob – der zumindest schlägt nach dir...»

Als Frau Wirtin Fasnacht machte...

In unserer Familie war man sich selten einig. Ganz im Gegenteil. Das belebte die Mittagessen sehr – ja die Meinungen wurden von allen Seiten so laut vertreten, dass die Nachbarn bestens über unsere Neigungen Bescheid wussten.

Immerhin – punkto Fasnacht, waren sich unsere Eltern einig. Mutter fand das Thema indiskutabel: «Fasnacht ist gut und recht für den Mob – da kann das Volk richtig Dampf ablassen. Die einen tun's bei den Billeteusen – die andern an der Fasnacht...» Mutter konnte es nicht lassen – und Vater errötete leicht.

Immerhin kann man an der Einstellung meiner Mutter zweierlei erkennen: erstens eine starke katholische Erziehung. Und zweitens, die irrige Meinung ihrer ganzen Generation: die Fasnacht sei dafür da, was «tout Bâle» bekanntlich immer am Bettag vollführt (die Geburtsziffern neun Monate später sprechen Bände...)

Auch Vater war gegen Fasnacht. Er fand Verkleidungen aller Arten stets suspekt. Wer 40 Jahre stets stolz eine Trämler-Uniform getragen hat, lässt sich von lächerlichen Cliquen-Uniformen nicht für drei Tage die Schau stehlen. Da war Vater empfindlich.

Die Leidtragenden waren wir. Rosie und ich hätten gerne Fasnacht gemacht. Aber wenn wir in andern Fragen unsere Eltern gegeneinander ausspielen konnten, waren sie hier eine eiserne Wand: «Kommt gar nicht in Frage!»

Da gab's jedoch noch Onkel Alphonse: «Kinder – ich lehre Euch ein paar von meinen Verslein. Drei Wochen vor Fasnacht holt Ihr die alten Theaterröcke von Eurer Mutter heraus, schminkt Eure Gesichter und die alte Frau Schwald wird sicher noch eine Perrücke von ihrem Mann finden – so geht ihr dann vor die Haustüren, singt die Liedlein und sammelt Geld. Ist das ein Vorschlag?!»

Das war ein Vorschlag!

Gottlob liess sich Mutter für jede Saison einen neuen Theaterrock bauen. Die Auswahl war somit gewaltig. Rosie wählte ein enganliegendes, hochgeschlitztes Kleid und Netzstrümpfe –

ich griff zum schwarzen Seidenrock mit dem drei Meter breiten Pettycoat-Gestell, damit die Falten auch weit genug wippen. Natürlich war alles viel zu gross, aber wir schleppten den Rock mit so viel Grandezza durch die Strassen, dass die Leute glaubten, das Kleid mit der langen Schleppe sei wieder in Mode gekommen.

Die Gedichtlein von Onkel Alphonse hatten wir schnell intus. Wir haben sie nicht immer verstanden, wussten aber, dass die Frau Wirtin eine grosse Rolle darin spielte. Wir spürten, dass die Worte einen unglaublichen Effekt auslösten – und entsprechend postierten wir uns vor der Kirchentüre des Gemeindehauses Ökolampad.

Die Orgel bebte eben, als Abwart Glesser die Pforten öffnete.

«Frau Wirtin hatte einen…», fingen wir nun mit glockenheller Stimme an.

Frau Änishänsli liess einen spitzen Schrei los. Vermutlich kannte sie das Gedicht – und die Freude wird sie überwältigt haben.

Da kam aber auch schon der Pfarrer auf uns zugesegelt, zuckelte wehmütig mit dem Zeigefinger und seufzte: «Ach Rosie, habt ihr denn immer nur Dummheiten im Kopf…»

Hopfenkranz-Wirt Loppacher war über diese Unterbrechung höchst unwillig: «Lassen Sie gefälligst die Kinder das Gedicht fertig aufsagen – den mit dem Inder kenne ich noch nicht…»

Zu Hause war natürlich der Teufel los.

«Dein Alphonse!», rief Mutter schrill zu Vater, «was werden die Leute morgen im Konsum sagen?!»

Am besten du fährst mit ihnen für einen Monat nach Adelboden», meinte Vater, «dann ist Gras über die Sache gewachsen…»

So wurde mit Fasnacht wieder nichts!

Vor etwa fünf Jahren haben die Olymper meinen Vater angefragt, ob er bei ihnen als Vorreiter mitmachen würde. Er sagte zu. Und hat seither die Fasnacht erfunden.

Wie gesagt: die Uniformierten sind die schlimmsten.

«Güpfi» – wie Rivel ohne Seitenhaar

Die Basler sind berühmt für Düpfi. Und Güpfi.

Die Düpfi kann zweierlei bedeuten: Man stellt es auf den Herd, brät das Sonntagspoulet darin und weiss: Im Düpfi schmeckt jeder Braten am besten. Soweit Düpfi Nummer eins. Dann gibt es ein vorlautes, übergeschminktes junges Fräulein, das provozierend auf und ab wippt. Es wird von einem Gentleman zum Kaffee eingeladen und gaxt erbost: «Was glauben Sie eigentlich – ich bin keine solche...»

Das ist sie wirklich nicht. Aber eben: Düpfi Nummer zwei.

Und jetzt das Güpfi. Die Fasnächtler können hier wegsehen. Die andern sollen zuhören: Damit eine Larve richtig sitzt, montiert man sie an eine Halb-Ei-Form. Diese Halb-Ei-Form (in der Grösse eines 60 Fränkigen Praliné-Ostereis) stülpt man auf den Kopf und sieht nun aus wie Rivel ohne Seitenhaar. Das ist das Güpfi.

Nun gehört es heute zum guten Ton in einer Clique, Larven, Perrücken und Güpfi selber zu basteln. Auch wir haben gebastelt. Aber nur ein einziges Mal. Es war der Güpfi-Gipfel einer Fasnachts-Katastrophe.

Die Vorfreude war sehr schön. Das ist sie immer. Wir beglückten damals die «junge Lälli» mit unserem Piccolo-Sopran. Weniger beglückt war die Clique von unserer Ungeschicklichkeit – aber dafür hatten wir Jules Stürchler. Er war ein Genie im Basteln. Und so kam er auf die glorreiche Idee: «Kinder – das viele Geld für den Larvenmacher sparen wir uns. Wir werden die Larven selber machen. Kann ich auf euch zählen...?»

Er konnte.

So traf sich die junge Garde drei Wochen vor Fasnacht bei den Stürchlers im Wohnzimmer. Vater Stürchler lag auf dem Teppich, hatte sämtliche Geometrie-Lehrbücher um sich gestreut und stellte Zylinder-Rechnungen an. Unsere Tambouren waren nämlich Räuberhauptleute. Mit hohen Zylinder-Hüten. Und eben die wollten wir auch selber basteln.

Mutter Stürchler stand mit der Einkaufstasche unter der Türe: «Ich gehe jetzt in die Stadt, Jules – bau mit den Kindern keinen Mist. Und Fasnachtskiechli hat's im Kämmerli...»

«Na also», brummte der Ehemann, als die Türe ins Schloss gefallen war, «jetzt kann's erst richtig losgehen... heute bakken wir nämlich die Güpfi...»

Er holte Gipsformen. Und viel, viel Zeitungspapier: «Das werdet ihr in kleine Schnitzel reissen. Dann in Wasser tauchen. Und die Gipsformen damit austapezieren. Wir werden die Güpfi im Backofen austrocknen. Los!»

Es war eine sehr fröhliche Arbeit. Wir zerrupften sämtliche Blätter – von den «Basler Nachrichten» bis zum «Vorwärts». Dann kleisterten wir die Gipsformen aus – Vater Stürchler hatte schon mal den Backofen vorgeheizt. Das Ganze erinnerte fast ein bisschen an «Gutzele» in der Vorweihnachtszeit...

Das eigentliche Gutzi waren dann die Hüte. Karton wurde in riesengrosser Tellerform zugeschnitten. «Das werden Hüte!», freute sich Vater Stürchler, «das hat die Fasnacht noch nie gesehen – da können die andern abdampfen!»

Und es wurden dann auch Hüte! – Barbara, die Tochter, war leicht verunsichert, als das erste Exemplar fertig war: «Ist der nicht ein wenig zu gross?»

«Zu gross?!», tobte Vater Stürchler. «Der hat ja kaum einen Meter – kannst du dir die Wirkung vorstellen, ein Zug mit diesen herrlichen Hüten!?»

Dann pfiff der Teekessel. Und wir machten uns über die Fasnachtskiechli her.

Eine Stunde später hörten wir den Schlüssel im Türschloss. «Hier stinkt's wie Pech und Schwefel», tobte Mutter Stürchler. Dann stemmte sie die Hände in die Hüften: «Jules! – was hast du angestellt!?»

Aus der Küche wehten schwarze Rauchschwaden ins Wohnzimmer. «Die Güpfi!», brüllten wir. Und dann holten wie sie heraus – Herr Beuys hätte sie spielend als schwarze Kunst verkaufen können. Aber Frau Stürchler hatte kein Verständnis für Kunst: «Mein Backofen?! Der ist ja vollkommen verrusst – Jules, du bist ein Esel.»

Später hat sie uns erzählt, dass sie drei Tage lang den Ofen geputzt habe. Ja, heute noch wären da eingebrannte Russ-Signale, die sie an jenes Güpfi-Experiment erinnern würden.

Als Vater Stürchler drei Tage vor dem Morgestraich Güpfi, Larve und Hut zu einem Ganzen montierte, war das Resultat gigantisch. Ein Kopf wog gut seine 20 Kilo. Und als er stolz wie Napoleon am Strassenrand stand, als da die junge Lälli beim Comité vorbeizog, hatte er Tränen in den Augen. Da kesselte nämich ein Heer von schwankenden Riesenhüten an. Der Wind tat das übrige – beim «Gambrinus» fielen dann die ersten Trommler vor Erschöpfung um.

«Memmen!», zischte Vater Stürchler. Aber wir alle hörten es nicht mehr – wir pennten vor unsern Süssmost-Gläsern. Den Rest der Fasnacht haben wir dann mit den Morgestraich-Larven hinter uns gebracht.

Am Bummel ist Vater Stürchler natürlich mit einem Zinnbecherlein geehrt worden. «Solche Hüte hat's noch nie gegeben...», schüttelte der Obmann ihm die Hände. Und noch heute, wenn eine junge Garde am Fasnachts-Montag an Vater Stürchler vorbeiparadiert, rümpft dieser verächtlich die Nase: «Stümperzeug! – die hätten unsere Zylinder machen sollen...»

Heute ist der letzte Tag...

Freitag vor Bündelitag – das war damals wie Schlagrahm mit Erdbeeren! Die Schule konnte uns kreuzweise. Und wir pfiffen die Lehrer an:

«Heute ist der letzte Tag
heute wird gepfiffen
wenn der Lehrer etwas sagt
wird er rausgeschmissen!»

Heute herrscht in den Schulen wohl immer «letzter Tag». Aber damals, als die Disziplin noch eisern und die Ehrfurcht vor den Lehrern enorm war, damals sprengte so ein Freitag vor dem grossen Ferienanfang das Korsett. Und man liess die Sau ab. Doch wir schweifen ab...

Natürlich ging zu meiner Schulzeit alles nach Rimini. Italien war damals letzter Schrei – ich hätte auch gerne geschrien. Aber bei uns hiess es Adelboden. Und nochmals Adelboden. Und Jürgli Zogg nervte mich den ganzen Freitag lang mit dem Vogellysi-Song. Der hatte es gut. Er durfte mit dem Nachtzug an die Adria. Und nirgends ist das Vogellysi weiter weg als an der Adria.

Georges Bienz war dann die Rettung. Er organisierte Lager. Das war seine Leidenschaft. Und weil Alp-Morgenholz sowieso RG-Boden und somit wundervoll war, liessen die Eltern mich gehen.

Mutter packte meinen Koffer, tränte und schmiefte vor sich hin: «Also wenn dir etwas fehlt, rufst du sofort an... hoffentlich geben die auch richtig zu essen... die Köchin soll ja erst 18 sein. Wie kann man so einem jungen Ding die Verantwortung für 40 hungrige Kindermägen auftragen. Und überhaupt...»

Mit lautem Schluchzer klappte sie den Koffer zu: «Wo du in Adelboden bei Schmidt jeden Tag einen Coupe Wildstrubel hättest haben können und...»

Der Wildstrubel konnte mir kreuzweise. Ich wollte einmal etwas anderes sehen: die grosse Welt.

Natürlich habe ich in der Nacht auf den Bündelitag kein Auge zugemacht. Ich reisefieberte. Morgens um sechs stand ich schon gestiefelt und gespornt beim Strassburger Denkmal. Dort traf sich früher «tout Schullager» zum Abmarsch.

Wir wurden gezählt, in Zweierreihen gruppiert und zum Zug geführt. Alles hatte den Reiz von «neu». Von «wirklich verreisen» (nach Adelboden kurvten wir stets mit unserm alten Peugeot-Kasten, und allein schon der Benzingestank liess mich nach jedem dritten Rank... Sie wissen schon).

Schliesslich mussten wir von der Bahnstation etwa eine halbe Stunde bis zum «Morgenholz» auf die Alp hinaufmarschieren. «Marschieren» war schon damals nicht meine Stärke – und die Umgebung sah auch aus wie in Adelboden: Steine... Tannen... und viel, viel gute Luft, die nun Herr Bienz (anstelle meines Vaters) als «so gesund» pries («Tief einatmen – das ist doch etwas anderes als die Basler Chemie-Luft»). Immerhin – der Schlafsaal hat mich dann entschädigt. Da war stets etwas los. Wir «geisterten» um Mitternacht, organisierten Schlupfbetten, jassten den Vier-Uhr-Morgen-Schieber und standen für die «Grossen» Schmier, wenn diese zur Kolonie-Köchin abdüsten.

Am morgen waren wir dann fix und fertig. Wir marschierten dösend auf den nächsten Hügel («Tief einatmen! Diese gute Luft ist gratis!!»), pennten dann unter der übernächsten Tanne und waren nachts wieder fit.

Alp-Morgenholz – das war also mein erstes Rimini, die ersten Ferien von zu Hause (im wahrsten Sinne).

Vor ein paar Tagen hat man mir nun einen Brief geschickt: 50 Jahre Morgenholz-Ferienlager. Man organisiert im August eine Kolonie der «Ehemaligen». Ob ich auch? Treffpunkt beim Strassburger Denkmal...

Weshalb eigentlich nicht? Auch 25 Jahre danach ist es nicht zu spät für den Vier-Uhr-Morgens-Schieber...

Matur – unter der grossen Uhr

Für Vater war's glasklar: Er studiert Jus. Dann wird er Parteisekretär. Und dann Bundesrat.

Auch Mutter sah's richtig: Er kommt zu den Liberalen. Dann geht er in die Mission. Hallelujah.

Und Grossmutter: Aus dem wird nie etwas.

Man sieht: Grossmütter behalten immer recht.

Als das Jahr der Matur kam, kam auch die grosse Liebe. Dummerweise kam sie vor dem Notenabschluss. So war mir das geometrische Wurzelziehen plötzlich egal. Mein Interesse wurzelte jetzt anderswo.

Madame de Staël konnte mir gestohlen bleiben, wenn der Grund meiner schlaflosen Nächte vor der grossen Uhr wartete. Ich täuschte rasch Kopfschmerzen vor. Und schwebte aus dem Klassenzimmergrau zum Glücksrosa.

Während des Matur-Jahres besuchte ich die Schule nur noch sporadisch. Die Kopfschmerzen nahmen überhand – und anstatt mir die Hirnschalen mit Zahlen vollzupauken, gab's da nur himmelblaue Seifenblasen.

Meine Lehrer schauten mich von der Seite an: «Was ist los… was soll das?» Und als wir im Herbst zur Maturreise nach Wien walzerten, stand früh morgens, als der Nachtzug im Bahnhof anbrauste, mein Glück auf dem Perron. Sinnigerweise Gleis 6. Es war die letzte -6- bis zur Matur.

Irgendwie war mir die Schule plötzlich scheissegal. Und die Matur auch. Und die Herren Besserwisser mit den Stöckchen sowieso. Meistens schwänzelte ich aus der Französisch-Stunde. Und schwänzte. Mutter schlug das Kreuz, als ihr Monsieur Erlacher die Sachlage eröffnete: «Du bringst Dich ins Unglück!»

Blödsinn. Ich war glücklich wie noch nie. Und als ich zwei Jahre später in Paris eine nächste Liebe kennenlernte und in der Küche des «Georg V» Kartoffel-Croquettes drehte, habe ich in drei Monaten mehr Französisch gelernt, als in acht Gymnasial-Jahren. (Überdies noch das Rezept der französischen Croquettes – also bitte!)

Es kam die Zeit, wo wir zur schriftlichen Matur antreten mussten. In Mathematik löste ich eine einzige Aufgabe (denn draussen, unter der Uhr, sie wissen schon, wer da wartete...) Französisch übersetzte ich salopp hopp hopp (denn unter der Uhr...) – nur in Latein and Deutsch gab ich mir einigermassen Mühe. Deutsch war mein Steckenpferd (auch wenn's keiner glauben würde) – und bei Latein wartete niemand unter der Uhr.

In der mündlichen Prüfung streikte ich. In Mathematik galt es eine Aufgabe an der Tafel zu lösen. Meine Klassenkameraden gaben mir Zeichen, raunten mir Zahlen zu – nichts da. Ich strahlte gedankenverloren aus dem Fenster. Denn da war die grosse Uhr...

Mein Deutschlehrer Fortunatus tat alles, um meinen Kopf zu retten. Ich hatte Maria Ebner-Eschenbach als Matur-Autorin. Also schob er mir einen Zettel zu: «Was denkt die Ebner-Eschenbach in ihren Aphorismen über die Lieb...?»

Hier legte ich los. Da war ich jetzt Experte. Die Herren der Prüfungs-Kommission hatten nasse Augen. Und seufzten einig: eine Sechs. Damit war der Bogen zum Wiener Bahnhofgeleise geschlagen.

Als dann allerdings der Tag kam, da sich die Maturanden in der Aula versammelten, um die Prüfungsresultate entgegen zu nehmen, segelte der Konrektor auf mich zu: «Es tut mir leid.» Damit war alles gesagt.

Dies Mal war's mein Vater, der unter der Uhr wartete. Und Mutter mit verweinten Augen: «Wie sag' ich das den Kränzchen-Damen von der Mission...?»

Übrigens – drei Monate später war auch das Glück unter der grossen Uhr abgelaufen. Es war wie Weltuntergang. Und: «Da hast du's!» meckerte Mutter.

Nur Grossmutter nahm mich auf die Seite: «Was heulst du? – Viele Leute haben die Matur, aber nie ein seelisches Erdbeben hinter sich gebracht. Buch's als kostbarste Erfahrung...»

Sie lächelte mit ihrem Kontobuch der Erfahrungen.

Und hatte – wie immer – recht.

Sanfte Kinder – wilde Blattern

Wir waren robuste Kinder. Mit eiserner Gesundheit.

«Kommt alles vom Lebertran», posaunte Grossmutter. Sie hatte nämlich diese Kindertortur erfunden. Und täglich, stets vor dem Essen, wurden wir dreimal an den Suppenlöffel gebeten: «Das gibt Kraft – und macht einen starken, grossen Mann aus dem -minuli», zirpte sie.

Dabei wollte ich gar kein starker, grosser Mann werden. Ich wollte nur meine Ruhe. Und vor allem wollte ich keinen Lebertran – denn er stank, dass Gott erbarm.

Ich rebellierte also, fand 1000 Ausflüchte, um das ölige Teufelszeug nicht schlucken zu müssen – aber Grossmutter (Vaterseite) klemmte mich einfach zwischen ihre eisernen Knie, zog mich am Haar und hypnotisierte meine Augen: «Mach' den Mund auf – sofort! Sonst ist es aus mit dem Clara-Hausfrauennachmittag!»

Das half. Ich schluckte, würgte, schüttelte mich.

«Na also», brummte Grossmutter und liess mich laufen. So bin ich im Zeichen des Lebertrans gross geworden, ja, der Lebertran hat seine Fettzellen in meinen Bauch eingeimpft – heute werde ich das Theater nicht mehr los. Und ich öffne den Mund stets, immer und überall – auch ohne Klemmknie von Grossmutter.

Nun kann der Gesündeste in Ruh' nicht leben, wenn er die kranke Dora zur Nachbarin hat. Oder anders: Dora Muff lag ständig mit irgendeiner vornehmen Kinderkrankheit in den Federn. Wir wurden dann aufgefordert, «die arme Dora» zu besuchen: «Bring ihr ein bisschen Schokolade und ein nettes Blumensträusslein... das arme Kind... so alleine im Bett, wie schrecklich!» so unsere Mutter.

Dora lag umgeben von herrlichen Süssigkeiten, von Spielzeug und Büchern in weissen Daunen. Dann erklärte sie uns, dass jede Stunde das Hausmädchen geschlagenen Eischaum mit Zucker bringe – dreimal täglich gar Malaga mit Ei. Nur so komme man als krankes Kind zu Kräften.

Wir schluckten leer. Und wären auch gerne einmal krank und schwach gewesen.

Es war in der vierten Klasse, als Rosie eines schönen Tages Dora entgeistert anstierte: «Umhimmelswillen – du siehst aus wie ein Streuselkuchen vor der Explosion…»

«Wir können nicht alle lebertranölige Trämlerskinder-Wangen haben…» konterte Dora. Dann kam Frau Zimmerli von der Religion und wir sangen «Die goldene Sonne». Mitten im Lied blieb sie jedoch abrupt stecken, klopfte den Choral ab, und ging auf Dora zu: «Mein liebes Kind – du hast ja ganz rote Flecken… Geh' geschwind nach Hause… vielleicht sind's die wilden Blattern, die gehen jetzt nämlich um. Und da wollen wir schön vorsichtig sein…»

Wir andern mussten bleiben. Und die Geschichte von Josef mit seiner Potifar auswendig lernen. Wir hätten auch gerne so schöne, rote Flecken gehabt…

Am nächsten Tag fehlte Dora. Überdies fehlte die halbe Klasse – denn Dora hatte gewirkt. Ihre Blattern-Bazillen müssen irrwitzig herumgesprungen sein – nur vor unserer Lebertran-Wolke haben sie entsetzt Reissaus genommen. Wir blieben unversehrt, robust – in den Augen meiner Eltern-Generation waren wir eben «Vorkriegsware – nicht umzubringen!»

Schliesslich hatten wir genug. Wir berieten uns mit Onkel Alphonse. Er war das schwarze Schaf der Familie – man musste ihn also gerne haben. Er hatte ein Kinderherz. Und ein Herz für Kinder: «Es ist doch ganz einfach – gerade jetzt, wo jeder rechnet, dass ihr demnächst von den wilden Blattern angesteckt werdet. Also: Ihr nehmt Mutters Lippenstift. Malt euch ein bisschen rot an, gebt vor, müde zu sein und geht ins Bett – das wirkt. Wenn sie die Flecken sehen, glauben sie's. Und werden Euch nach Strich und Faden verwöhnen…»

Das war ein guter Rat. Wir holten Mutters Lippenstift aus der Handtasche und betupften einander gegenseitig – dann gingen wir unter die Bettdecke. Als wir nicht zum Essen erschienen, rochen sie Lunte – und kamen: «Was soll das? – Weshalb seid ihr im Bett?»

«Achhhh», röchelte Rosie, «mir ist so ganz elend… ich bin so schwach…»

«… ich glaube, ich brauche Eischaum mit Malaga», doppelte ich nach.

Mutter kam ans Bett: «Hört auf mit dem Mist!» dann schlug sie erschrocken die Hand vor den Mund: «Umhimmelswillen

– Ihr seid ja ganz rot... Haaans! Entweder, es sind die wilden Blattern, oder deine politische Gesinnung hat auf sie abgefärbt...»

«Ich glaube eher, es ist Dein Lippenstift, Lotti – schau die Bettdecke an!» Was konnten wir dafür, dass Mutters Lippenstifte nicht kussecht, geschweige denn bettwäscheecht waren... Die Strafe war: ohne Nachtessen ins Bett. Dafür eine doppelte Ration Lebertran...

Dora Muff wusste um unser Leiden. Sie schickte von ihrem Krankenbett aus einen Brief: «Kommt zu mir. Ich stecke euch an – ich habe noch jeden zum Fiebern gebracht. Aber -minuli muss mich küssen. Dann wirkt's doppelt...»

«Lieber nehme ich den Lebertran!» rief ich ensetzt. Aber Rosie hatte mich bereits im Clinch und schon hauchte mir Dora in den bleichen Bettfedern entgegen: «Wo bist du – ich will dir alles geben. Bis zur letzten wilden Blatter... ich hoffe, du riechst nicht nach deinem Lebertran...»

Es ist wohl einer der raren Momente in der Geschichte der Menschheit gewesen, da sich ein Bursche ganz dem Mädchen hingab, in der stillen Hoffnung, von ihr zu empfangen. Und ich empfing zünftig. Nach neun Tagen sahen die Eltern die Bescherung.

Mutter rieb vorsorglich mit einem Taschentuch voll Speuz an meinen roten Stellen – «sie sind echt», seufzte sie dann. «Marsch ins Bett – du hast die Blattern. Und Rosie schaut auch schon ganz wild!»

Politische Erziehung...

Als ich das helle Licht dieser grauen Welt erblickte und die Krankenschwestern im Frauenspital das dicke, schwere Bündel als Sensation herumboten («Fast fünf Kilos – und kein einziges Rünzeli... das gibt's nur noch bei Elefanten!»), als man mich frisch gebadet und gepudert hatte, streiften sie mir einen rosa Dress über.

Man legte den Rosa-Mops meiner Mutter in die Arme. Diese seufzte: «Ein roter Vater, ein rosa Bub – was wird ihm die Zukunft bringen?»

Als man meinem Vater die Geburt seines Stammhalters mitteilte, referierte dieser eben an einer Gewerkschafts-Sitzung des Billeteusen-Verbandes. Die Fahrkarten-Locherinnen weigerten sich, die neuen Knipszangen-Symbole anzuerkennen. Die Zweifrankenkärtli wurden nämlich mit einer Sternen-Knipszange gelocht. Jeder Knips war ein Sternlein. Und das war für die Gewerkschaft ein klares kapitalistisches Zeichen. Also plädierte mein Vater für das kleine Sichelchen. Dieses wurde jedoch vom liberalen Verwaltungsrat abgelehnt. Man hat sich dann auf einen Kompromiss geeinigt – die Zangen knipsten künftig die Zweifrankenkärtchen im Glücksklee-Muster. Die Welt war zufrieden und die Kühe glücklich.

Als nun mein Vater mitten in seiner Rede über das Intrigenspiel des Kapitalismus mittels einer Knipszange unterbrochen wurde, weil ihn Tante Agathe am Telefon verlangte und erklärte: «Es ist ein Bub», da war mein Erzeuger nicht mehr zu bremsen. Er liess das Thema von der Knipszange fallen und verkündete den erstaunten Trämlerinnen stolz: «Genossinnen – ein neuer Bundesrat ist geboren. Schönen Abend noch...»

Dann jagte er auf seinem Velo-Solex vom Spalencasino direkt zur Entbindungsstation, verlangte den kleinen, jungen Sozialisten zu sehen und war tief gerührt, als man ihm das rosa geschnürte Bündel in die Arme legte: «Lotti – er hat bereits ein rotes Gesicht. Vielleicht ist es sein Onkel Alphonse, der aus ihm spricht – oder er tritt morgen schon in unsere Partei ein. Ich schwöre dir, wir werden aus dem Kleinen den besten Bundesrat machen, den die SP je gesehen hat...»

Dies war ein frommer Wunsch, dessen Erfüllung nicht allzu grosse Mühen gekostet hätte – aber eben: Denn erstens kommt es anders. Und zweitens als man denkt.

Meine Jugend wurde völlig durch die Politik geprägt. Mutter stand dem Verband «Für die Sache der Frau» vor. Und wie sehr mein Vater das Frauliche schätzte und seine Neigungen diesbezüglich auch immer wieder unter Beweis stellte, so trat er der politischen Frau doch höchst kritisch gegenüber: «Die Frau hat dem Ehemann zu dienen!» – war seine Devise. Ja, es war für ihn selbstverständlich, dass die Ehefrau das beste Stück Fleisch auf seinen Teller legte, jeden Morgen ein frisches Hemd bereit hielt und die Bartstoppeln aus dem Lavabo kratzte.

Ich kann mich nicht erinnern, dass an unserm Tisch je über etwas anderes, als über Politik gesprochen worden ist. Vater brüllte von links – Mutter zischte von rechts. Tante Agathe heizte beide Seiten an. Sie war eine Streitnatur – und meine Eltern müssen für sie den Denver-Clan von damals gewesen sein.

Es kam der Tag, da das Couvert kam. Vater stand bei den Roten auf der Liste. Mutter bei den Blauen. Wen wundert da meine Vorliebe für Lila – eben!

Beide rührten zünftig die Werbetrommeln. Mutter lud die Damen des Kränzchens ein. Kuchen wurden gebacken, der teuerste Kaffee aufgegossen – Vater erschien völlig unerwartet auf der Bildfläche, charmierte um Mutters Freundinnen herum und steckte ihnen mit frechem Augenblinzeln seine Wahlpropaganda in den Blusen-Ausschnitt: «Dreimal Hammel – ein Mann, der weiss, was er will!»

Er hat die Damen und deren Stimmen dann auch prompt bekommen – Mutter zahlte es ihm heim, indem sie seine Wahl-Versammlung im Spalen-Casino besuchte. Sie trat eben in diesem Augenblick in Erscheinung, als er über die Schlangenfängerei der Kapitalisten loszog. Anklagend hob sie die Hände zum Himmel: «Hier steckst du also, Hans?! Überall suchen sie dich – die Raten deines neuen MG's sind nicht bezahlt. Man will mir die Waschmaschine pfänden...» Sie begann theatralisch zu schluchzen: «... und womit bezahle ich dann den Hauszins, wenn ich nicht mehr für fremde Leute waschen kann...»

Vater versuchte zwar noch einige Erklärungen abzugeben, aber die Leute umringten die heulende Mutter. Diesmal war sie es, die ihre persönliche Wahl-Propaganda loswurde.

Mittlerweile hatten wir uns zu Hause über die herrlich farbigen Wahl-Listen hergemacht. Wir verschnätzelten alle in frohe Scheren-Schnitte – die Regierungsräte liessen wir als Papierflieger sausen. Onkel Alphonse half uns gütigerweise.

Als meine Eltern die Bescherung sahen, blieb ihnen die Sprache im Hals stecken: «Du mit deiner Erziehung», brüllte Vater.

Mutter schluckte: «Er hat aus den Liberalen ein Windrädchen gemacht...».

Es war eines der wenigen Male, da am Essen kein einziges Wort über Politik gesprochen wurde.

Der Basler Comment

Mutterseits hielt man viel von gutem Benehmen. Das nannten sie dann «den Basler Comment».

Als Rosie ihre ersten Burschen nach Hause brachte, wurden die von oben bis unten gemustert: «Hat er den Comment?» Rosie war der Comment wurscht. Mir auch. Wir suchten die Qualitäten anderswo – und sind damit nicht schlecht gefahren. Auch Vater war der «Comment» hundsegal. Tante Agathe schoss scharf: «Natürlich ist dir der Comment egal, lieber Hans – du verwechselst Comment noch heute mit einem Satzzeichen… wir wollen lediglich, dass deine Brut ein bisschen Schliff mitbekommt. Wenn ich dich aber so betrachte, scheint es mir einfacher, ein Nashorn in ein Hühnerei umzufunktionieren…»

«Das scheint allerdings nur so, liebe Agathe», zirpte Vater, «aber der Versuch ist bei dir doch bestens gelungen…»

Dann sagten sie einander einiges, wo der Basler Comment nicht vorkam, bei dem wir aber unsern Sprachschatz um einige schöne Blüten erweitern konnten – et comment!

Der Basler Comment hatte eiserne Regeln. Am Tisch wurde nicht gesprochen – dies galt für uns Kinder. Wir hatten einfach unser Essen hineinzuschaufeln. Schmeckte uns etwas besonders gut – etwa Ärbeeri-Schnittli oder Milcheis –, und hätten wir gerne eine dritte Portion davon gehabt, schluckten wir den Wunsch herunter. Denn es galt als ungezogen, um Essen zu betteln.

Ebenso galt es als unfein, Resten auf dem Teller liegen zu lassen. Also assen wir auf. Und heute haben wir das Resultat: einen Sauerkraut-Koller und 23 Kilos zu viel!

Selbstverständlich galt es auch als höchst unfein, am Tisch über das Essen zu sprechen. Mein Vater hat mir einmal erzählt, wie er zum ersten und letzten Mal als junger Mann bei der Grossmutter meiner Mutter eingeladen war. Man tischte eine heisse Pastete auf. Als das Mädchen meinem Vater den Schnitz Pastete mit den Erbsen auf den Teller legte und dieser seiner Gastgeberin eine Freude machen wollte, als er so in grosse Begeisterung ausbrach: «Aaahhh – sieht diese Pastete gut aus…», da schüttelte die alte Dame energisch ihr Silberglöcklein: «Elsie – Sie können abräumen. Die Herrschaften haben gegessen.» Und eh mein Vater recht wusste, wie ihm geschah, wurden die noch vollen Teller abserviert.

Meine Urgrossmutter soll mit Vater nie mehr ein Wort gesprochen haben – und diesem ist nichts anderes übriggeblieben, als die ganze Gesellschaft zum Nachtessen in eine Beiz einzuladen.

«Damals wussten wir, ihm fehlt der Comment», gab Tante Agathe immer noch ihren Senf zur Geschichte.

«Und Eure gefrässige Grossmutter hat die ganze Pastete allein vertilgt!» giftelte Vater.

Zum Basler Comment gehörte es natürlich auch, von fremden Leuten nichts anzunehmen. Wir sprechen hier nicht «vom bösen Mann mit den guten Dääfi», den uns das Fräulein Zürcher im Kindergarten stets auftischte. «Er spricht euch auf der Strasse einfach an und lockt mit ein paar Dääfi… aber dann…», endete Fräulein Zürcher unheilschwanger.

Sie liess Ungesprochenes in der Luft hängen. Und wie oft haben Rosie und ich mit Dääfi-geilem Blick auf der Strasse herumgelungert und auf diesen Mann gewartet. Da wäre uns der Comment piepegal gewesen.

Es gab noch ein anderes «nichts annehmen». Das galt insbesondere bei unsern Kinder-Geburtstagen. Die Kinder brachten meistens Katzezüngli oder Bettmimpfeli mit, schokoladene Köstlichkeiten – manchmal gar «Deviseli», diese Zucker-Figürlein der alten Frau Spillmann.

Und statt dass wir schnurstracks die ganze Sache verdrücken durften, mussten wir sie vor den andern Kindern öffnen. Und anbieten. Das war der «Comment». Und saudumm.

«Man nimmt von fremden Leuten nichts an, ohne zumindest davon zu offerieren…», soweit Mutter. Irgendwie muss die da falsch gelegen sein – als ich nämlich später, von zu Hause schon längst ausgeflogen, meinen Gastgebern jeweils Pralinés mitbrachte, in der kühnen Hoffnung, die würden mir einige davon anbieten, wurde ich jedes Mal zünftig enttäuscht. Der Comment muss sich mit der Zeit geändert haben…

Heute predigen die Frauen die Emanzipation. Früher hatten sie den Comment – im Grunde genommen ist es den Männern schon immer an den Kragen gegangen…

Wo drückt der Schuh?

Meine ersten Schuhe waren rechtsgestrickt. Rosa Rechtsmaschen. In Schurwolle. Und mit Rosa-Bändeli durchwoben.
Meine Tante Gertrude hatte sie mir zur Geburt gestrickt. Rosa – weil sie wusste: es gibt einen Buben. Und in Basel kommen die Buben bekanntlich mit Rosa-Finklein zur Welt.
Natürlich hat Mutter diese Schühlein aufbewahrt. Auch die zweiten mit den Seiden-Entchen darauf (wiederum rosa). Und dann die ersten Lackschühlein, kaum daumenlang, aber mit pompösem Pompon darauf.
Vater hat die Schühlein stets verkupfern lassen wollen. Gottlob war ich ein kluges Kind und habe sie einfach fortgeworfen. Ansonsten würden nun auf dem Buffet meines Vaters nicht nur Fasnachtsfiguren und der Eisbär mit Uhr vor sich hinstauben, sondern auch noch meine ersten Schrittlein in Bronze…
Später kamen die Jahre, als Mutter mich in den Schuhladen schleppte. Wir gingen zu Hubers, Die Verkäuferin hiess Frau Mathys. Und sie gab Mutter recht: «Natürlich nehmen wir die Sandalen zwei Nummern zu gross. Sonst wächst er ja sofort wieder draus…»
So wurden mir zwei schlapprige Boote an die Füsse geschnallt. Ich hatte die Dinger in einen seltsamen Apparat zu stecken. Frau Mathys und Mutter guckten durchs Loch: «Beweg jetzt die Zehen!»
Ich zwiebelte sie rauf und runter.
«Ist gut – die sind gerade recht», nickte Mutter befriedigt. Dann durfte ich auch durchschauen und sah im Röntgenapparat eine undefinierbare Schuhform, schwarze Punkte deuteten meine Zehlein an – wie Nussschalen im Ozean.
Natürlich war der Sonntagsschuh in Lack. Deshalb nannten sie mich in der Sonntagsschule auch «Lackaffe!». Als Gipfel des Lackaffigen hatten sie mich mit einer Büsi-Mütze gekrönt. Im Autodurchgang von Bäckermeister Schneiderhahn habe ich mich dann jeweils umgezogen. Zumindest so lange bis Frau Zimmerli meine Mutter ungehalten anrief: «Weshalb erscheint Ihr Kind an einem heiligen Sonntag eigentlich stets in Turnhosen und Ballettschuhen zum Religionsunterricht?»

Dann wurde ich wieder busibemützt. Und belackt.

Das nächste Schuh-Cauchemar erlebte ich in der Tanzschule. Frau Bickel bestand auf Kalbsledersohlen («mein schöner Boden!»). Also ging Mutter mit Vaters alten Hochzeitsschuhen zum Schuhmacher: «Da müssen Ledersohlen drauf!»

Der Schuhmacher hätte ihr lieber ein neues Paar verkauft. Aber Mutter blieb hart: «Wegen der paar Tanzstunden? – Sind wir die Rockefellers?»

Da wir die Hammels waren und der Schuhmacher das wusste, erübrigte sich jede Antwort. Aber der gute Mann rächte sich. Er pflaumte mir eine Sohle darauf, die so glatt war, wie ein frisch polierter Aal. Und als die gute Frau Bickel «Engagieren bitte», rief, als ich da auf die Auserwählte zujagen wollte, schlitterte ich mit Vehemenz durch den Saal der Bickelschen Eisfabrik, legte einen doppelten Looping hin und donnerte vor der Dame zu Boden.

Frau Bickel bekam vor Aufregung den Hicksi: «Das... das... das ist höchst unfein... kein Mann geht... geht so auf eine... eine Frau los!»

Es war mein letzter Ausbruch diesbezüglich.

Nun habe ich kürzlich wieder ein Schuhdrama erleben müssen – eine Geschichte, bei der einem die Schuhe aufgehen, quasi...

Da wir mit unserer Zeitung zu den Randgruppen dieser Stadt gehören, haben wir leider fast keine Zeit ins Herz von Basel zu den Schuhen zu schuhen. Wer Schuhe kaufen will, lässt also eine Auswahl ins Geschäft kommen. So ich.

Telefon an Pantoffel-Huber: «Bitte schicken Sie mir eine Auswahl von Sommerschuhen. Und geben Sie die an unserer Zeitungs-Porte ab.»

Soweit. So ideal.

Gestern nun hat uns Pantoffel-Huber angerufen: «Also Herr -minu – haben Sie sich etwas Schönes ausgesucht?»

«Was ausgesucht?»

«Schuhe, Herr -minu, Schuhe!» Die Stimme des Pantoffelhuber ist geschäftlich-geölt wie eine Schuhwichse. «Wir haben doch 15 Kartons zur Ansicht an der Porte abgegeben...»

Ich spüre wie die Panik leise in mir hochklettert: «15 Paare?! An der Porte?! Umhimmelsgottswillen...» (Ich kenne die Porte, ich kenne die Menschen, ich leide an Ahnungen.)

Ich also nichts wie los zu den Portiers unseres Palazzos:

«Wo sind meine Schuhe?»

Die sind ratlos. Bis schliesslich einer sagt: «Also 15 Schachteln habe ich der Winterhilfe des Ratstüblis ins Lager gegeben…»

Muss ich die Schuh-Geschichte noch weiter aufknüpfen? – Im Ratstübli-Lager war man bereits eifrig gewesen. Ein Bergbauer hatte nämlich eine Karte geschickt. Er suchte für die Alp ein Paar Schuhe, Grösse 43.

Der Mann hatte Glück – ich trage anscheinend Bergbauerngrösse. Und so mäht der Mann nun auf leisen Ledersohlen durch die Alp. Das Ganze war ein italienisches Spitz-Modell von Cucci und kostete 160 Franken (mit 10 Prozent Rabatt). Und wie ich die drückenden, spitzen Italienerschuhe kenne, wird nun auf der Alp täglich gejodelt…

Die übrigen 14 Paare waren übrigens fein säuberlich im Schaft «für dringende Notfälle – Grösse 43» eingereiht…

Zimbo Zimmerlis Schwimm-Methode

Wir waren eine verschwommene Familie. Alles schwamm. Vater war ein leidenschaftlicher Schwimmer (und im Frauenbad auch ein Schwimmer voller Leidenschaft).

Mutter wiederum genoss es, riesige Strecken im Crawl-Stil zurückzulegen (und sie hängte mit ihrer sportlichen Art die ganze Familie ab) – so wurden wir Kinder schon in frühster Jugend in die Schwimmschule geschickt. Das war damals noch im Eglisee. Und jeden Morgen zäpften wir aufs Sechserträmli, liessen uns unter die Brücken des Badischen Bahnhofs schaukeln und klopften bei Herrn Zimmerli an. Herr Zimmerli war nämlich unser Schwimmlehrer. Und Rosies wie auch mein grosser Schwarm.

Zimbo Zimmerli war das, was man ein Muskelpaket in Multicolor nennt. Damals kannte man ja noch kein Bodybuilding – nein, bei Herrn Zimmerli war alles natür. Und Natur. Keine Eierkost, keine Eiweissbasis – nur Bier. Gesunde Luft. Und Frauen. Viele Frauen. Zimbo Zimmerli hätte auch Tramführer sein können (um in den Worten meiner Mutter zu sprechen).

Punkto Pädagogik war Herr Zimmerli keiner der feinsten Sorte.

«Hockt mal auf den Bassinrand», brüllte er unsere Gruppe an. Wir hockten still vor Ehrfurcht und Bewunderung.

«Schwadert mit den Beinen…» – wir schwaderten aufgeregt. Plötzlich bekamen wir einen Stoss von hinten, pflatschten ins Nass und fuchtelten auch schon aufgeregt im Wasser herum.

Einer Mutter, welche solche Lernmethoden lauthals verurteilte und Herrn Zimbo Zimmerli ein Riesenross nannte, ging es auch so. Sie stand zu nahe am Bassinrand. Das Wort «Riesenross» war kaum gesprochen, als die Dame auch schon im Wasser aufklatschte.

«Ich kann nicht schwimmen», gellte es aus der Chlorbrühe. Aber da schwaderte sie schon. Und ging nicht unter. Höchst verklärt keuchte sie: «Es ist unglaublich… habe sogar Privatunterricht gehabt… niemand hat's geschafft… ach, Herr Zimmerli…?!»

Sie schaute ihn an, als wolle sie dem Riesenross einen Zentner

Zucker geben. Der nahm's auch dankend an. «Bleibt hier», brummte unser Schwimmlehrer. Dann zoggelte er mit der Dame davon, um sie gut abzurubbeln. Er war ein Riesenross – aber ein Riesenross mit riesengrossem Herzen.

Selbstverständlich schwärmten wir in den chlor- und glorreichsten Tönen von unserem schwimmenden Muskelfetzen. Und wie geschickt er den Menschen das Schwimmen beibringe. Wir empfahlen ihn aufs heisseste unserer Grossmutter (Vaterseite), die als einzige der Familie in sämtlichen Gewässern wie ein Stein unterging.

Immer wieder haben wir versucht, ihr zumindest drei, vier Züge beizubringen. Vater hat ihr Korkengürtel umgelegt. Mutter hat sie an eine riesige Angelrute genommen. Nichts half.

«Das Wasser trägt mich nicht», jammerte Oma. Schon schlugen die Wellen über ihr zusammen. Und sie kam fluchend und hustend wie der rächende Neptun aus der Brühe hervor.

Nun jagten wir also Herrn Zimmerli auf Grossmutter los. Er versuchte es zuerst methodisch. Dann wissenschaftlich: «Sie sind leichter als das Wasser. Rein physikalisch können Sie gar nicht untergehen – kapiert?!»

Grossmutter seufzte: «Ich bin die grosse Ausnahme in der Physik...»

«Aha», sagte Herr Zimmerli, «aha.»

Er zwinkerte uns zu. Wir wussten, was jetzt kam. Und rieben uns in schweissheisser Vorfreude aufgeregt die Hände.

«Sie glauben also, sämtliche physikalischen Regeln der Welt auf den Kopf stellen zu können, liebes Fraueli», säuselte Herr Zimmerli.

«Liebes Fraueli» war zuviel. Grossmutter holte zum Rippenstoss aus (sie war erster Schläger im Damen-Club der Selbstverteidigung) – Herr Zimmerli zwirbelte durch die Luft. Und knallte mit lautem Klatscher ins Wasser.

«Und so etwas macht euch Eindruck!» rümpfte Grossmutter die Nase. «Ich muss schon sagen – die Welt ist arm dran...»

Daraufhin machte sie rechtsumkehr. Und liess Zimbo Zimmerli Zimbo Zimmerli sein.

Dieser kam fluchend und laut hustend aus dem Wasser: «Wo ist dieser Hexenbesen!?!!» brüllte er. Aber der Hexenbesen sass bereits bei Mutter. Und meinte hoheitsvoll: «Ich will Dir ja nicht in deine Erziehungsmethoden dreinreden, liebe Lotti, aber ich finde diesen Herrn Zimmerli, der deine Kinder in Schwimmobhut haben sollte, doch etwas schlapp auf der Brust… und von Physik hat der übrigens keine Ahnung!»

Auf den Hund gekommen...

Hunde waren mein Liebstes.

Schon als Dreikäsehoch habe ich jedem Hund nachgelacht, habe jeden Hund am Schwanz gezogen (Schwanzomanie!), habe mit jedem Hund herumgeschmust.

Mutter was skeptisch. Sie las gerade Aufklärendes über Bakterien. Und entsprechend hörte ich immer wieder: «Hund pfui... gruusig... gaga!»

Es kümmerte mich wenig. Für mich war der Hund weich, warm, ein wedelndes Stück Fröhlichkeit.

NICHT SO DIE KATZEN!

Mit Katzen hatte ich schlechte Erfahrungen gemacht. Meine Tante Gertrude hatte eine. Schwarz. Und sie nannte sie «'s Mohrli».

Mohrli also hatte auch einen buschigen, wunderschön-seidenen Schwanz. Ich nichts wie dran! Aber hoppla – schon knallte sie mir mit ihrer Pfote eine ins Gesicht.

Ich: ZETERMORDIO!

Die Familie kam herbeigeeilt. Tante Gertrude schüttelte den Zeigefinger gegen 's Mohrli: «Du freche Katze, dem armen -minulein so weh zu tun... so etwas tut ein gutes, liebes Mohrli nicht!»

Mohrli aber schaute mit seinen grünen Augen verdammt angriffslustig vom Küchenkasten herunter. Es machte einen Bukkel und fauchte, wie Grossmutter, wenn man ihr den Stumpen wegnahm («aber Mutter, was denken auch die Leute, wenn Du mit einer Rio-6...?!»)

Mutter nutzte die Gelegenheit, erzieherisch Wertvolles auszusprechen: «Man kann nicht einfach jedes Tier am Schwanz nehmen... quäle nie ein Tier zum Scherz, denn es fühlt wie du den Schmerz... das arme Mohrli!»

So bin ich auf den Hund gekommen. Und gegenüber Katzen heute noch skeptisch.

Als die Familie mich fragte, was ich zu meinem 10. Geburtstag denn wünsche, kam die Antwort wie ein Kanonenschuss: «Einen Hund!»

Mutter seufzte. Und drehte die Augen zum Himmel. Vater

aber tat, was in seiner politischen Masche lag: Er stellte Bedingungen: «Also gut – den Hund bekommst Du. Aber ich will im Zeugnis nur 1er sehen. Und drei Monate lang putzt Du jeden Samstag mein Velo!»

Es regnete Einsen. Und das Velo funkelte wie ein Weihnachtsbaum. Mutter (ebenfalls auf politischem Kurs) versuchte zwar noch Weichen zu stellen: «Ich habe da in der Stadt eine wunderschöne Eisenbahn gesehen. Elektrisch. Wollen wir sie einmal anschauen gehen…?»

Eine Eisenbahn kann nicht mit dem Schwanz wedeln. Und Grossmutter (die mit dem Rio-6-Stumpen) knurrte ein Machtwort: «Wenn ihr dem Kind den Hund nicht schenkt, schleppe ich einen Bernhardiner an…!»

Da Grossmutters Einsatz diesbezüglich keinen Moment lang bezweifelt wurde, machte sich Vater auf Hundesuche.

«… wenn der uns die schönen Seidenteppiche vollnässt», jammerte Mutter los.

«Seit wann verkauft die Epa Seidenteppiche?» erkundigte sich Grossmutter harmlos. Daraufhin schaute Mutter, wie einst 's Mohrli vom Küchenkasten.

Mein Geburtstagsgeschenk kam in einer geflochtenen Tasche an. Vater hatte die Tasche aufs Vespa geschnallt: «Er hat auch nicht einen Muckser gemacht… so brav wie der ist!»

Mutter bekam spitze Nasenflügel: «Die Tasche tropft!»

Dann schälten sie Zwirbel heraus. Es war der schönste Hund, den ich je gesehen habe. Aber Erwachsene erkennen so etwas eben nicht: «Was soll denn *das* sein?» rief alles im Chor.

«Ich habe ihn gegen zwei grosse Schnäpse erstanden», strahlte Vater, «was sagt Ihr jetzt?»

«Den dritten Schnaps brauche ich…», hauchte Mutter. Und Zwirbel hoppelte instinktiv auf ihre neuen Lederpumps los, knabberte daran und brach das Eis. Schon fiedelte alles: «Ist er nicht allerliebst… ja wo iss-er denn… iss er Mammis kleiner Butzibuu…»

Das Wort «Butzibuu» muss ihn animiert haben. Er wurde sofort zum Gewitter und tropfte wieder los! Mutter packte ihn am Kragen, trug das spritzende Paket in den Garten und gab klare Anweisungen: «Isse böösi böösi… Bissi doooo!»

Sie liess ihn an der dicken Garteneiche nieder, aber er war schon ausgetropft. Und schnüffelte nur noch.

«Darf er bei mir schlafen?»

Mutter sperrte die Augen gross auf: «Dich hat's ja wohl? Wo kämen wir denn hin, wenn so ein Hund im menschlichen Bett nächtigt? Nein – er bekommt alte Wolldecken. Und darf dann in der Küche vor dem Herd pennen.»

Der kleine Butzibuu heulte, dass Gott erbarm.

«Er vermisst die Mutter», erklärte Vater. «Wir müssen ihm einen tickenden Wecker in die Wolldecke einwickeln.»

Butzibuu heulte trotzdem.

«Warme Milch macht ihn schläfrig», mutmasste Mutter. Und setzte das Pfännchen auf den Herd.

Butzibuu wurde nur noch wacher. Und «uuuuuuuuu-ujjjjhhhh» jaulte er.

Gegen drei Uhr mrogens war er dann endlich still. «Braver Butzibuu», sagte ich. Und döste auch ein.

Am andern Morgen hatte die ganze Familie verschlafen. Grossmutter düste mit den Lockenwicklern in der Küche herum: «Wo ist deine Mutter? Wo ist meine Rio-6? Und wo ist der kleine Butzibuu?»

Als wir Mutter wecken wollten, lag das kleine Hundepaket an ihrem Bauch. Beide schnarchten tief und selig.

«Das ist eine einmalige Angelegenheit – man konnte ihn doch nicht so heulen lassen», verteidigte sich Mutter dann am Mittagstisch.

Grossmutter grinste zum kleinen Wollpaket, das bereits wieder zu tropfen begann: «Na also – jetzt wissen wir, wo du die nächsten zwanzig Jahre pennen wirst.»

Dann fauchte sie ihn an: «Und wenn du noch einmal meine Rio-6 anfrisst, mache ich Hackbraten aus Dir!»

Das graue Erwachen...

Das Erwachen ist stets grausam: man hört noch das leise Weinen der Piccolos. Und die letzten Trommelschläge, die sich im Grau des Alltags verlieren.

Schliesslich kehrt man sich auf die andere Seite, spürt eine eiserne Melancholie, einen bleiernen Cafard.

Dann klopft's. Zaghaft. Man überlegt: wo sind wir überhaupt. Nadelberg? – Unmöglich. Am Nadelberg haben wir kein so schmales Bett. Also fremd geschlafen? – Sicher nicht. In unserm Alter. Und überhaupt – da war doch Fasnacht, ist Fasnacht – keiner schläft an diesen Tagen fremd. Also...

Wieder klopft's. Schliesslich setzt man sich langsam auf: natürlich! Hotelzimmer! Da sind diese typischen Dunkelvorhänge, die den hellen Tag aus dem Zimmer verbannen.

Jetzt geht die Türe leise auf: der Zimmerboy ist's. Mit Staubsauger. Ausgerechnet! Das könnte ich bei Linda zu Hause auch haben.

«Raus!», brülle ich. Er lächelt. Versteht kein Wort: «Fuori... avanti!»

Aber er ist Türke. Und da haben wir's wieder. Man hat mir als Kind den Pythagoras beigebracht.

Was nützt er mir jetzt: einen Dreck! Und was «raus mit Dir!» auf Türkisch heisst, weiss ich natürlich prompt nicht!

Immerhin – ein türkischer Zimmerboy mit Gemüt. Er versteht. Lächelt noch immer. Und verzieht sich wieder.

Aber mit der Schlaferei ist es aus. Ich schaue mich im Zimmer um: Räppli liegen wie Farbspritzer herum (der arme Türke!). Und leere Flaschen. Neben dem Bett ein Piccoloputzer – weiss der Teufel was der hier soll!

Irgendwo fische ich eine Notiz vom Boden: «Habe deinen Eiskasten geplündert – hoffentlich bist Du nicht böse. Papi!»

Mein Vater ist von grenzenloser Naivität. Sauft meinen Hotel-Eiskasten leer – drei Flaschen Campagner. Die kosten mich mindestens so viel wie drei Übernachtungen. Und wenn ich ihn anschreie, tut er beleidigt: «Nicht einmal für deinen alten Vater, der...» Man kennt das Lied.

Draussen geht eine Clique vorbei. Clique ist übertrieben. Ein

paar Piccolos. Nicht mehr aus einem Guss – jeder Ton ist leicht verschoben. Das Ganze ähnelt einem asthmatischen Röcheln, einem sauren Pfiff.

Ich schliesse die Augen. Und denke daran, wie herrlich diese Piccolos vor drei Tagen noch gejubelt haben müssen. Damals, als alles keusch vor uns lag – wie der Nachmittag vor dem heiligen Abend...

Weshalb liege ich überhaupt in einem Hotelbett?

Langsam erinnere ich mich – Linda hat die Schuld. Letztes Jahr hat sie gebrüllt: «Dieses dummes Theater mit dusseligem Fasnachts-Donnerstag, wo du herumlaufen wie melancholisches Kartoffelsack, habe ich gründliches satt... Du gehen in Hotel. Dann auch kein Staubsauger mit dummes Gebrumme. Und keines Räppli im Hause...»

Also ging ich ins Hotel. Das Erwachen ist hier noch schlimmer als zu Hause – keine Seele, die man nach einem Orangensaft fragen kann. Nur diese fade Hotel-Ambiente im schmalen Einzelbett...

Ich schleppe mich ins Bad. Hier haben sich ein paar Räppli in die Badewanne verirrt.

Und wieder kopft's. Diesmal kommt der türkische Zimmerboy ohne Warten herein. Mit einem Tablett. Darauf balanciert er frisch gepressten Orangensaft. Daneben einen dampfenden Espresso...

Er lächelt noch immer: «Ist dieses Tag für Basler wie wenn ich Familie in Ankara besuchen... und wieder muss abreisen...»

Er zieht die Vorhänge zurück – der Tag blendet. Dann ist der kleine, dunkle Mann verschwunden.

Ich stehe auch jetzt noch sprachlos da. Schliesslich nehme ich einen Schluck vom süssen Orangensaft, spüle das Bittere des Fasnachtsendes herunter.

Was wohl «merci» auf türkisch heisst...?

Güggelfest und Café Royal

Kürzlich hat mich Lehrer Stöckli angerufen: «Wir feiern das Güggelfest – güggeln Sie mit?»
Güggelfest?
Plötzlich sind Bilder in mir aufgestiegen: das Realgymnasium, grau in grau – und der Zeichnungssaal mit den langen Tischen. Zeichnungslehrer Wyss hat uns vorfabrizierte Güggel verteilt – «malt diese bunt an. Bald ist Güggelfest. Und wir wollen 10 000 Güggel aufhängen.»
Daraufhin haben wir also Güggel angemalt – in allen Farben. Güggel anmalen war besser als Geometrie. Oder Wahrscheinlichkeitsrechnungen. Und entsprechend war der Jubel gross, als uns Mathe-Lehrer Salathé von den Stunden befreite: «Geht Güggel anmalen – wir sind im Endspurt. Morgen muss die Dekoration hängen.»
Zeichnungslehrer Wyss hat uns dann wieder Stapel mit vorfabrizierten Güggel hingelegt – manchmal war eine Henne dabei. Doch damals waren die Hennen im RG noch selten.
Bruno Mayr hat uns schliesslich die Sache mit den Güggeln erklärt:
«Also – es ist eine Tradition dieses hochwohllöblichen Gymnasiums…»
«Hört! Hört!» rief die Klasse. Und Bruno Mayr schaute verärgert vom Pult auf: «… es ist eine Tradition, dass wir ein Fest auf eigene Beine stellen…»
«Auf Hühnerbeine», grinste Peter Thurneysen. Er konnte's sich leisten. In Latein hatte er stets eine -6-.
«… nein, auf Güggel-Beine», donnerte Bruno Mayr. «Und Güggelbeine sind's, weil beim ersten Schulfest unser Zeichnungslehrer und Verantwortliche für die Dekoration, der geschätzte Herr Wyss, überall Güggel zeichnete. Immer Güggel. Vielleicht haben ihn die Lehrer zu Güggeln inspiriert – oder der Pausenhof, der ja ein einziger Hühnerstall ist! Jedenfalls wurde aus den Güggel-Dekorationen das Güggel-Fest – und so sind wir beim Güggel geblieben. Noch jemand eine Frage?»
Claude Schnüringer meldete sich. Er hatte zwar keine -6- in Latein. Aber immer Fragen:

«Wird unsere Klasse wieder ein Café einrichten?»

«Nein – eine Torwand!» brüllte Hampe Müller mit -6- im Bein und -6- im Turnen.

Die Diskussion artete in hysterisches Gebrüll aus, bis Daniel Leber, die Vernunft der Klasse, leise vor sich hin seufzte: «... und in Französisch haben wir noch eine Schriftliche!»

Das war ärgerlich – es gibt nichts Schlimmeres als eine Schriftliche am Montag nach dem Güggelfest. Das ist fast schon wie Batterienhaltung – und ich hoffe, die Lehrerschaft ist heute vernünftiger geworden.

Louis, die Ente (so unser Franzi-Lehrer), war es noch nicht. Er weigerte sich, die Schriftliche zu verschieben – und so beschlossen wir, auf die Torwand zu verzichten und mittels eines Cafés dem guten Louis das Goal zu schiessen.

Unser Klassenzimmer hiess nun «Café Royal». Wir verkauften Kuchen, die unsere Mütter gebacken hatten – und, als absolute Sensation: Café Kirsch im Glas mit «panna montata».

Ruedi Dürrwang war für den stark konzentrierten Rizinus verantwortlich. Seine Chemie-Kenntnisse waren fabelhaft – er mixte den «Café Royal» für unsere Ente persönlich. Schliesslich pfupfte er einen enormen Schlagrahmberg drauf – und streute rote Zuckerbrösel darüber: «et voilà!»

Louis, die Ente, war ein kleines Schleckmaul – entsprechend strahlte er. Und weil er vom «Merlot di Ticino» schon zünftig intus hatte, schmeckte ihm der Café auch mit einer dreifachen Ladung Rizinus. Ja, er bestellte gleich nochmals einen – und Ruedi Dürrwang mixte wieder.

Ich weiss nicht, welche falsche Pietät uns davon abgehalten hat, diesen speziellen «Café Royal» gleich an alle Lehrer auszuschenken – wir hätten damit spielend das ganze RG schliessen können. Louis, die Ente, fehlte sechs Wochen. Er haderte sehr mit der 5.b, weil er glaubte, dort seien die Hamburger schlecht gewesen. Und er habe sich die Darminfektion beim Fleisch geholt...

P.S. Morgen krähen die Güggel also wieder. Viel Vergnügen – und: cave caffem royalum! («Mit -3- in Latein entschuldigt» – der Setzer.)

P.S. II – selbstverständlich ist dieser Bericht frei erfunden. Ähnlichkeiten mit lebenden Personen sind rein zufällig.

Ruf der Berge...

Vater war stets ein stürmischer Gipfel. Und ist heute noch Gipfelstürmer.

Keine Jungfrau, die er nicht besteigt. Kein Mönch, den er nicht behupft.

«Ich brauche die freie Sicht!» behauptet er. Und würde am liebsten die Elisabethentürme beklettern. Gottlob ist der Denkmalschutz dagegen. Und Vater begnügt sich mit Elisabeth.

Nun haben wir ja nichts gegen dieses Kletterfieber einzuwenden. Bewahre. Wenn einer hoch hinaus will, soll er. Meinen Segen hat er.

Aber Vater ist zugleich noch mit einer Mission erfüllt: «Du musst es miterleben – es gibt nichts Schöneres, als so ein Gipfelgefühl früh morgens um sechs Uhr. Das ist der Gipfel aller Gefühle...»

Soweit mein Vater.

Mein Gipfel aller Gefühle war von jeher Coupe Danemark mit heisser Schoggisauce. Oder Kaffee im Kännchen. Für Vater unverständlich...

Als Kind hatte er mich natürlich in der Hand. Und somit am Seil:

«Natürlich darfst du in den Schüleraustausch nach England. Aber vorher gehen wir zusammen zwei Wochen nach Adelboden. Und besteigen die Umgebung...»

Das war Vaters Senf zur Wurst. Er konnte einem jede Freude versenken. Und so habe ich die Freuden meiner Jugend tatsächlich auf sämtlichen Gipfeln der Schweizer Berge abverdienen müssen.

«Ich bin nicht schwindelfrei», versuchte ich ihm zu erklären.

«Babberlababb – deine Mutter ist es auch nicht. Und sie ist mit mir auf jeden hohen Berg mitgekommen, nicht wahr Lotti?!»

Mutter schoss einen Blick himmelwärts – einen Sechstausender-Blick, quasi. Sie hätte auch lieber Kaffee im Kännchen gehabt.

«Nun ja...», zögerte sie, «wenn er doch nicht will und nicht schwindelfrei ist...»

«LOTTI!» brüllte Vater.

«Es ist recht, Hans…», sagte sie.

Und so wurde ich ans Seil genommen.

Nur wer das mitgemacht hat, weiss wie's der armen Sau zumute ist, die da zum Schlachten geführt wird…»

Am allermeisten hasste ich die Übernachtung in der Berghütte. Massenlager. Ein seltsames Duftgemisch von Schweiss-Söcklein, Maggi-Suppen, Petrollichtern und klebrigen Tabakwolken. Kein Auge habe ich zugetan. Links rüsselte mein Vater. Rechts sägte ein anderer Gipfelbesessener. In der Mitte ich als Puffer im Stroh – das Jesuskind hat's besser gehabt. In Bethlehem gibt's keine Dreitausender.

Tagwacht war dann meistens gegen vier Uhr auf der Hütte. Sie brühten einen Kaffee, der einem endgültig den Rest gab. Ich kötzelte mich am Waschplatz aus. Und schaute mit geröteten Augen neidvoll auf die Frauen, die ihre Männer nur bis zur Hütte begleiten mussten. Und zurückbleiben durften.

Dann kam ich wie ein junger Hund an die Leine. Stumm trabte Vater voraus. Bergwärts. Gipfelwärts. Das allerkleinste Fünklein Trost war ein Ovomaltine-Stengelchen, das Mutter für mich eingepackt hatte. Ich hasste Ovomaltine. Aber hier hat mir dieser Stengel das Überleben erleichtert.

«Dort oben machen wir den ersten Halt», erklärte Vater. Und zeigte auf eine verdammt dunkle Stelle im Felsen.

Ich dachte an das Ovomaltine-Stengelchen. Und beinelte weiter. Schliesslich kamen die ersten Felsen. Ich krallte mich daran. Hatte Schweissausbruch. Wusste, dass ich bestimmt in den nächsten zwei Minuten ohnmächtig würde – aber sagen Sie das mal einem Vater, der den Eiger vor dem Frühstück hinter sich gebracht hat. Verächtliches Schnauben. Und ein Ruck am Seil, so dass ich wie eine Ladung Mehl hochgezogen wurde.

Beim Restplatz schliesslich: «Ist diese Aussicht nicht herrlich? Spürst du den Ruf der Berge – dieses einmalige Gefühl?»

Ich spürte nur das Seil, das mich sehr unangenehm beim Bauch eingeschnitten hatte. Und ich spürte Schlaf – denn Vater, dieser alte Penner, hat sich im Heu ja erholen können. Ich aber war fix und fertig.

«Auf dem Gipfel sind wir dann weit über 3000 Meter. Da sagen alle einander du!»

«Aha», sagte ich.

«Ja – und die Frauen bekommen von den Männern einen Schmutz. Und...»

Aha – das also war der Ruf der Berge.

Natürlich war dann auf dem Gipfel kein Mensch. Und mit Vater war ich schon auf du. Wir kritzelten unsere Namen in ein Büchlein, und endlich durfte ich an den Ovo-Stengel...»

Vater grabschte eine Gummiflasche mit lauem Lindenblütentee aus dem Rucksack: «Nimm nur – ich brauche nichts», erklärte er mit asketisch-verklärtem Blick. In der Talstation becherte er dann vier Enzian und drei Chrütter – da war's schnell aus mit der Askese.

Als ich meinen 20. Geburtstag feierte, stand ich schon früh morgens vor dem Bett meines Vaters: «Mit dieser verdammten Kletterei ist jetzt Schluss – kapiert! Ich bin volljährig...»

«Ist recht», döste Vater vor sich hin. Und dann: «Eigentlich habe ich dir auf deine Volljährigkeit eine Reise nach Paris finanzieren wollen... als junger Journalist hat man ja kein Geld... aber ich habe gedacht, vorher zeige ich dir noch den Fitzer. Das ist ein harmloser Dreitausender und...»

Da lag ich halt wieder im Stroh. Und wartete auf den Ruf der Berge...

Die Primadonnen von Basel

Theater – das war unsere Welt. Ich schwärmte für Oper. Und für die Annie Weber. Nie werde ich ihren Sprung von der Engelsburg vergessen. Mutter hatte mich in die Oper eingeführt: «Die arme Frau Tosca wird am Schluss nach ihrem Mord von der Engelsburg in den Tiber springen. Das ist sehr gewagt. Und braucht für eine Sängerin viel Mut, singt sie doch noch das «hohe C» beim Sprung…»

Am Abend hockte ich pflotschnass vor Aufregung in der Premiere. Annie Weber, klein, pummelig und Liebling des Publikums, jagte auf die Zinne der Engelsburg: «Scarpia – mich richte Gott!» schrie sie. Das Publikum hielt den Atem an. «Jetzt kommt's», zischte Mutter. Die Heldin stand am Rand der Zinne, blickte zum Tiber, der da vorbeirauschte, streckte die Arme aus – dann zuckelte sie einfach… hoppedi… hoppedi… eine Leiter hinunter und verschwand so aus dem Blickfeld des Publikums. Schritt für Schritt versank das Köpflein – ich wurde von einem derartigen Lachanfall geschüttelt, dass der Dirigent indigniert abklopfen musste.

«Man kann ihn nirgends hin mitnehmen», klagte Mutter am Mittagstisch.

Mutter schaute streng zu Vater: «Das hat er nur von dir… du hast die Aida doch auch einmal zum Stoppen gebracht…»

Vermutlich liegt's in unserer Familie: Damals hat Ingeborg Felderer die Aida gesungen. Sie war eine höchst gewichtige Aida – mit dem brillantesten bel-canto, den die Basler in den 60er Jahren zu hören bekamen. Mein Vater schwärmte wohl für Vollfleisch, jedoch weniger für Aida. Nichtsdestotrotz musste er mit.

«Das ist Kultur, Hans», meinte Mutter hoheitsvoll, «man kann seinen Fuss nicht ein Leben lang auf der Sechsertram-Glocke halten – er sollte auch einmal Kulturland betreten…»

Darauf betrat er. Und eben wie die Doppelpackung Aida in der Grabkammer den Radames umarmt, da kippt der kleine Heldentenor unten durch. Und fällt um. Der tosende Berg stürzt singend auf ihn – Vater brüllte derart, dass er für zwei Jahre von Direktor Schramm Logenverbot bekam.

Noch heute hat er Tränen in den Augen, wenn man davon spricht: «Das ganze Theater lachte. Zuerst hiepte nur ich – dann schneuzte sich die vordere Reihe ins Taschentuch. Und dann ging's los. Aida musste zwei Mal sterben.»

Wir Theater-Jünger trafen einander stets im «dü», so nannten wir das kleine Café du théâtre, das in seiner strategischen Bedeutung dem Völkerbundpalast gleichkam. Hier wurden Primadonnen gemacht, Skandale gezüchtet und Premieren zum Tode verurteilt. Die oben erwähnte Ingeborg Felderer benutzte das «du théâtre» ebenso als Schlachtfeld, wie ihre Gegenspielerin Montserat Caballé. Schritt die Caballé mit ihrem Hofstaat durch den dicken Café-Vorhang, begann die Felderer hinter dem Kuchenberg asthmatisch zu keuchen: «Haltet mich – ich schütte ihr Salzsäure in den Kaffee… diese Zwitscherkuh wollte mich doch wahrhaftig als Traviata austricksen… aber wartet nur bis…»

In diesem Moment steht die Caballé auch schon vor der Felderer, blitzt ihr entgegen: «Ach, meine Liebe – geht's Ihrer Stimme wieder besser? Gestern haben wir getönt wie tausend Bürsten, nicht wahr?… Nun ja, es kann jeder mal einen schlechten Tag erwischen.»

«Gottlob nur einen», säuselt da die Felderer zurück, «und wann verehrte Kollegin werden Sie einen guten Tag erwischen?»

Wie gesagt: Da war im «du théâtre» noch etwas los.

Wir hingen an den Primadonnen wie Kletten. Wir schickten ihnen zu jeder Vorstellung Blumen, die sie bei uns bestellt und selber bezahlt hatten und die sie dann mit entzücktem Erstaunen auf der Bühne entgegennahmen.

Dann haben sie uns das alte Haus in die Luft gesprengt. Samt Kassenhäuschen, das nie dazu gehört hat. Und samt Café du théâtre.

Die Basler Primadonnen sind ausgestorben. Wer allerdings durch die Lange Gasse spaziert, wird mitten im Baumgeäst unter freiem Himmel einen Kronleuchter entdecken – hommage an Annie Weber. Und wer die Memoiren von Met-Direktor Bing liest, stösst plötzlich auf den Namen «Ina del Campo». Die Felderer hat's also doch geschafft – von der Caballé ganz zu schweigen… Es gibt wohl keine Basler Primadonnen mehr – aber ihre Töne sterben nicht aus.

120 Jahre Fred Spillmann

Heidi Abel hat es gut gemeint. Sie nannte ihn «ein Monument wie die Münstertürme».
Worauf er sehr bestimmt die Live-Talkshow unterbrach: «Ich bin kein Monument. Ich bin eine Kathedrale…»
Für viele Frauen ist er's tatsächlich. Sie kommen zu ihm, bitten um Rat. Und lassen sich verwandeln.
Maria Schell hat es einmal so gesagt: «Er gibt uns nicht nur die schönsten Kleider – er näht uns auch noch ein Korsett der Selbstsicherheit ein. Ich glaube, er könnte selbst aus einem Regenwurm die Ausstrahlung einer Mae West herauszwingen…»
Fred Spillmann hat die ganz Grossen dieser Welt eingekleidet. Er kreierte für Josefine Baker ein Federnkostüm, kleidete Dürrenmatts erste «alte Dame» für die Uraufführung ein (und kürzlich die Schell für dieselbe Eurovisions-Aufführung), hat sich beim weissen Smoking für Georg Kreisler grün geärgert («dieser alternde Pudel!») und selbst die Sciaparelli mit seinen eigenwilligen Ideen verblüfft, so dass diese sich entschloss: «Den reiss ich mir unter den Nagel!»
So hat Fred Spillmann den gutbürgerlichen Kuchen in Basel gegen die Salons der Sciaparelli eingetauscht: «Nur um ein bisschen die Schneiderei zu lernen…»
Eigentlich wäre er gerne zum Theater. «Aber da habe ich mir gesagt: Alfred – mach' das Theater zu Deinem Leben. So hast du ein 24-Stunden-Non-Stop-Programm.»
Bitte – dieses Programm spielt er noch heute rund um die Uhr.
In Basel ist er geboren. Am Rheinsprung: «Im Schlafzimmer, wo ich noch heute penne – wir waren alles Schlafzimmerkinder. Und sind es ein Leben lang geblieben.»
Er ging «zur Mücke» in die Schule («höchst ungern»), schokkierte die Basler Bürger mit seinem eigenwilligen Stil («höchst gern») und machte sich schliesslich auf und davon nach Berlin: «Eben – Berlin war eine Theaterstadt. Und zu jener Zeit wohl *die* Stadt Europas. Dann kam jedoch Adolf. Und ich reiste ab…»
Das Dritte Reich hat ihm zünftig zu schaffen gemacht. Als Frankreich besetzt war, lud Spillmann zur Modeschau an den

Rheinsprung ein. Und zeigte einen Traummantel. Das Mannequin öffnete ihn elegant – innen war er rot-blau-weiss gefüttert. Und über der französischen Trikolore leuchteten die Buchstaben: «je reviendrai».

«Im Salon selber sassen deutsche Beamte. Nach der Modeschau befahlen sie, ich solle mit aufs deutsche Konsulat kommen. Aber wir haben sie kurzerhand herausgeworfen – fünf Tage später wurde ich in Lörrach an der Litfasssäule ausgehängt. Als deutscher Staatsfeind...»

Fred Spillmann ist einer der letzten grossen Couturiers. Und einer der letzten grossen Lebenskünstler. Er feiert heute einen runden Geburtstag. Und er meint dazu: «Eigentlich müsste ich 120 Jahre alt sein, mit dem was ich alles erleben konnte. Ein einziges Leben reicht gar nicht aus für alles – man müsste zwei haben. Dazu ein gutes Gedächtnis, um die Fehler von einst mit dem grössten Vergnügen zu wiederholen...»

Einen Geburtstagsartikel hat er abgelehnt – «Die Freude gönne ich den Leuten nicht. Die meinen ja sowieso, ich sei schon vor dem Münster hier gewesen!»

Seine Zunge ist spitz, sein Witz manchmal gallig. So nervt er sich über die heutigen jungen Frauen: «Die meisten sind emmanzipimpelpampelpumpel – und glauben, Schlamperei sei Emanzipation. Vom ‹Schön-Sein› verstehn sie gar nichts mehr. Wie sollen sie so je einen Mann emanzipieren können?»

Und doch kann er auch ein leises melancholisches Lächeln zeigen – etwa auf die Frage seines treuen Adlatus Péghy, welche drei Wünsche ihm eine gute Fee erfüllen soll?

«Drei Wünsche? – Ich habe keine drei. Nur einen: dass es gut zu Ende geht – denn es ging bis jetzt nicht schlecht...»

Rahmdääfi

Natürlich waren wir Schleckmäuler. Alle Kinder sind Schleck-mäuler. Heute versiegelt man ihnen die Zähne. Unsere Generation schleckte noch ohne Netz und doppelten Boden. Drum haben wir heute Karies – und die Backen voller Amalgam. Denn für die von Fünferbölle und Cola-Fröschli gestressten Zähne kommen die Füllungen ebenso sicher wie das Amalgamen in der Kirche.

Selbstverständlich wurden in unserm Haushalt keine Süssigkeiten geführt. Dora Muff platzte an Fünferbölle-Überfluss. Und wir platzten vor Neid: «Dora bekommt von zu Hause drei Franken Sackgeld – nur wir sind arme Trämlerskinder und haben nichts...»

Beim Wort «Trämlerkinder» schluckte Mutter merklich: «Dieses süsse Zeug ist nichts für eure Zähne. Morgen kommt jedoch das Kränzlein... vielleicht lassen die Damen etwas übrig...»

Das Kränzlein waren Mutters Freundinnen. Vater nannte die Versammlung «den Drachenverein». Und immer wenn das Kränzlein einmal pro Monat bei Mutter zusammenkam, mussten wir zu Mutter Spillmann in die Confiserie: «150 Gramm Rahmdääfi – gut gewogen, bitte!»

«Hat Eure Mutter wieder eine Einladung mit 35 Personen, dass ihr so üppig bestellt?» brummte die alte Spillmännin. Mutter war ihr ein Dorn im Auge. Einmal hatte Mutter nämlich wirklich eine Einladung mit zwei Dutzend Leuten angesagt. Sie war damals zu Madame Spillmann gegangen: «Schikken Sie mir morgen bitte 24 Punschringe – vielleicht werden nicht alle gegessen. Dann kann ich Ihnen den Rest sicher zurückbringen, damit ihr damit Eure Punschkugeln machen könnt...»

Frau Spillmann hat daraufhin ein Liedlein angestimmt, dessen Summton nicht gerade der säuselndste war. So blieb die Stimmung zwischen den beiden Damen ein Leben lang croquant – confiseuren-technisch gesprochen.

Nun hätte Mutter ja die Rahmdääfi in einer andern Confiserie einkaufen können. Aber nichts da – Spillmann fabrizierte die kleinsten. Da gaben 150 Gramm am meisten her. Und Sparsamkeit macht Helden.

Die dunkelbraunen Bonbons wurden Stück für Stück auf eine Schale gelegt. «Das Drachenfutter», brummte Vater geringschätzig. «Hoffentlich bleiben die Dinger nicht an den giftigen Porzellan-Beissern kleben...» «Pas devant les enfants!», zischte Mutter. Und wurde bleich. Die Vorsicht kam jedoch zu spät – am Nachmittag wippte Rosie vor den Frauen hin und her, bohrte in der Nase und säuselte: «Darf ich etwas sagen...»

Mutter unterbrach schrill: «Wer will noch Kaffee...? Wer mag noch ein Bonbon...?» Sie schoss flehende Blicke Richtung Rosie. Doch diese ging wie eine Dampfwalze unbeirrt ihren Weg: «...unser Vater sagt nämlich immer, dass dieses Drachenfutter an euren Porzellan-Beissern kleben würde. Und da habe ich mir gedacht, vielleicht ist es besser, ihr nehmt die Dinger vorher raus...»

Einige Damen hüstelten. «Ach ja, die Kinder», meinte Frau Blickensdorfer. Dann verabschiedeten sich alle hastig. Als sie gingen, war der Teller mit den Bonbons noch gerammelt voll.

Natürlich musste Rosie ohne Nachtessen ins Bett – Vater hat ihr heimlich einen Fünfliber zugesteckt: «Das ist mir die Sache schon wert...»

Bei Spillmann liess sich Rosie für das Geld ein Pfund von den Rahmdääfi abfüllen. «Ihr erwartet wohl eine Kompagnie?» giftelte die alte Spillmännin. «Die ess' ich ganz alleine», freute sich Rosie. Und gab mit ihrer Geschichte bei Frau Spillmann dick an. Diese lachte, dass ihr der rote Rock beinahe geplatzt wäre: «Warte, mein Kind, das hast du nicht umsonst getan!» Sie holte nochmals ein Pfund von den Rahmdääfi. «Da – iss nicht alle auf einmal!»

Dieser Rat war gut, doch vergebens. Rosie lag sechs Tage im Bett – heute hat sie Karies. Amalgam. Und nie mehr Lust auf Rahmdääfi.

d'Schwingi

Waschtage hatten für uns Kinder Abenteuerliches. Früh morgens um vier Uhr hörten wir, wie Vater in der Waschküche einfeuerte – bereits um sieben Uhr tauchten die beiden Waschfrauen Schneebeli und Haegeli auf. Sie hatten fröhliche rote Backen, rote Nasen und gegen Abend auch rote Augen. «Die saufen wie die Bürstenbinder», seufzte Vater jeweils neidvoll, wenn Mutter mit der Hartschnaps-Flasche im Waschhaus verschwand. «Bei mir zählt Eure Mutter jedes Tröpflein – weiss der Teufel weshalb sie bei den Waschhexen so grosszügig damit umgeht...»
Der Teufel hat's vermutlich nicht gewusst. Aber Mutter sah da schnapsglasklar: «Eine Waschfrau ohne Schnaps ist wie ein Gaul ohne Hafer – also redet mir gefälligst nicht drein...»
Manchmal gneissten wir Kinder durch das Waschhaus-Fenster. Da wurde die Wäsche in verschiedene Zuber aufgeteilt: weisse Wäsche, bunte Wäsche, feine Wäsche – die Hausfrauen mixten wundersame, penetrant blaue Wässerchen, die sie unter die Lauge zogen. – «Nit z'vyl Bläui, Frau Schnääbeli», wehrte Mutter dann ab. Sie dachte mit einem Seufzer an Vater, der beim Anblick der letzten Leintücher vom Lachkrampf geschüttelt wurde: «Die sind ja blauer als Du nach unserer Verlobungsfeier. Und überhaupt: was soll das Blau. Du weisst, dass ich Blau nicht ausstehen kann...»
Mutter rümpfte die Nase: «Leider habe ich noch nie etwas von einer trämchengrünen ‹Bläue› gehört, aber ich kann mich ja mal erkundigen...» Das sass. Trämchengrün war eine scharfe Lauge – familientechnisch gesprochen.
Während der Waschtage war die Waschküche für uns tabu: «Ihr könntet Euch verbrühen», warnte Grossmutter immer. Und erzählte gar schauderhafte Geschichten, in denen eine unachtsame Wäscherin sowie drei mit der Bettwäsche mitgekochte Kinder vorkamen.
Dennoch versuchten wir immer wieder, durch die Waschhausnebelwolken hindurch einen Blick vom emsigen Treiben zu erhaschen.
Am meisten faszinierte uns d'Schwingi – dieser kupferfarbige

Koloss, bei dem unten Wasser herauszischte und das sich schneller drehte als d'Suppedrilli auf der Erle-Rytti.

«Lasst ja die Hände davon», warnte Mutter immer wieder. «So eine Wäscheschwingi ist ein Teufelsding – und kein Spielzeug für kleine Kinder...»

Als wir nun eines schönen Novembertages den Kopf zum Fenster heraushängen liessen und in der grossen Kunst wetteiferten, wer den vorbeieilenden Passanten genauer auf den Kopf spucken könne, als Rosie eben den sechsten Treffer gelandet hatte, zäpfte Dora Muff um die Ecke und brüllte: «Kommt – bei uns ist Waschtag. Wir haben eine neue Maschine...»

Wir rannten in die grosse, moderne Waschküche der Muffs, wo eben eine riesige weisse Kiste montiert wurde. Dora gab wieder ganz dick an: «Also – da kann man zuschauen, wie diese Maschine die Wäsche kocht. Und dann wäscht die Maschine auch. Und schwingt die Wäsche aus – und eine Frau Schneebeli brauchen wir ämmel nümmen...»

In diesem Moment schraubten zwei Männer die alte, kupferne Schwingi von den Steinfüssen: «Die hat ausgedient!», brummte einer, «die kommt zum Alt-Eisen – das Zeitalter der Waschmaschinen hat angefangen. Wer noch mit so etwas schwingt, schwingt hinter dem Mond, wuahaha!»

Dora zeigte auf uns: «Bei denen zu Hause hat's noch so eine. Die sind sowieso hinter allen Bergen zu Hause – so altmodisch wie diese Familie ist. Da, schaut diese Maschine an – hier drückt man auf den Knopf und die Wäsche kommt fertiggebügelt heraus. Aber da muss man eben schon einen Direktor als Vater haben, damit man sich so etwas leisten kann. Und ihr Trämmlersbalge werdet wohl ein Leben lang weiterschwingen und...»

Das genügte. Rosie und ich sahen einander nur stumm an. Dann packte Rosie die kleine Dora an den Zöpfen – ich stopfte ihr den Mund mit meinem Taschentuch. So transportierten wir das prustende, keuchende und stampfende Paket in unser Waschhaus. Rosie holte die Wäscheleine – wir zogen zünftig an. Schliesslich kippten wir Dora in unsere alte Schwingi, studierten die Gebrauchsanweisung und liessen zur Probe leicht laufen: tatsächlich – Dora jagte wie ein Rüebli im Mixer hin und her.

«Jetzt ein bisschen stärker», säuselte Rosie, «es schwinge wem der Schwung gegeben!» Als wir Dora aus der Mangel nahmen, kippte sie kreidebleich über das Waschbecken und liess laufen.

Rossie schüttelte missbilligend den Kopf: «Aber, aber -zzzz! Was für ein Benehmen für eine Direktoren-Tochter...»

Wohlweislich sagten wir unsern lieben Eltern nichts von Doras Schwingi-Extrafahrt. Drei Tage später jedoch erschien Frau Muff unter der Türe. Wir wollten uns eben leise aus der dicken Luft machen, als ein paar Wortfetzen an unser Ohr drangen: «... neue Maschine. Aber leider funktioniert da etwas nicht... morgen Wäsche... alte Schwingi bereits fortgegeben... könnten Sie vielleicht aushelfen...»

Mutter lächelte gechmeichelt. Frau Muff war ihr grosses Vorbild: «Aber natürlich. Bringen Sie die Wäsche nur hierher – lediglich die Kinder dürfen nicht ins Waschhaus... Sie wissen ja, mit so einer Schwingi ist schrecklich schnell etwas passiert...»

Die Fussballkuh

Fussball bringt's mir nicht! Sorry. Aber ich finde dieses hektische Gerangel um ein schlaffes Stück Leder hirnschreiend.

Das war immer so. Man hat mir als vierjähriges Kind einen roten Ball (mit Tupfen!) auf den Geburtstagstisch gerollt. Ich habe ihn keines Blickes gewürdigt.

Mein Auge hing am Teddybär (rosa Brummbrumm). Und an der Schokolade. Doch ein Ball? Schon damals ahnte ich, dass jeder Ball mit körperlichen Anstrengungen verbunden sein muss. Deshalb entschied ich mich klar für den Teddybär. Und gegen den Sport. Man kann seine Natur nicht verleugnen – ich hab's auch nie versucht.

Vater versuchte zwar mein Ball-Interesse zu wecken. «Schau mal!» rief er. Und klopfte den Ball hektisch auf den Boden, so dass er – dlaggdlaggdlagg! – auf und ab hüpfte.

«Schau mal!»... dlaggdlaggdlagg!... «ist das nicht lustig?!»... dlaggdlaggdlagg... «Willst Du auch einmal?»... dlaggdlaggdlagg.

Gottlob kam's nicht dazu. Denn: dlaggdlaggdlagg! und: klirrrr! Das war die Bodenvase. Rotbrauner Ton. Und klirrrr! war der letzte Ton. Dafür legte Mutter los. Und ich wusste, dass meine Entscheidung für Brummbrumm sowie gegen den Ball richtig war.

Doch Vater gab nicht auf. Wenn er einen Ball im Kopf hat, hat er ihn nicht anderswo.

Also: «Wir gehen aufs Oek – werde dem Kind doch einmal zeigen, was Fussball ist!»

Auf dem Oek markierte Vater mit seiner Trämlermütze und einer alten Zeitung ein Goal: «Da musst du den Ball durchkikken!»

«Weshalb?»

Vater wurde schon leicht gereizt: «Weshalb? Weshalb? Weil man das so macht!»

«Weshalb macht man das so?»

Jetzt hatte Trämler Hammel Hochspannung: «Schiess jetzt endlich den Ball!»

Ich bückte mich schwerfällig und hob das rote Ding auf. Vater

hatte Schweissausbruch: «...doch nicht mit den Händen. Mit dem Fuss! soooooo...«

Er hüpfte energie- und sonst geladen aus dem Goal, und kickte den Ball weg, so dass der als kleiner Punkt irgendwo hinter der Kirche erlosch.

«Weshalb?» sagte ich.

Daraufhin hat Vater den Ball eine Stunde lang gesucht und Mutter zu Hause vorwurfsvoll angeschaut: «Das Kind hat einen Webfehler – das tauschen wir um!»

In der Schule wurde ich später wie heisse Ware gehandelt. Wenn im Sport die beiden besten Hürdenläufer aufgerufen wurden, um eine Fussballmannschaft zusammenzustellen, wenn einer nach dem anderen nach vorne trabte, blieb zuguterletzt immer ein ungelenkes Häufchen übrig. «Umhimmelswillen!» schrie dann die Mannschaft, die es traf. «Umhimmelswillen – jetzt ist alles verloren!»

Schon hagelte es Ermahnungen: «...und spiel' nicht immer aufs eigene Goal... und wehe, wenn Du noch einmal mit dem Ball herumhüpfst... womit haben wir nur dieses Los verdient?!»

Die hätten mich vermutlich auch gerne umgetauscht.

Meine schlimmsten Ball-Erinnerungen rollen zu jener seltsamen Erfindung, die man gemeinhin «Medizinball» nennt. Ich weiss nicht, welcher Medizinmann diesem Ball den Namen gab. Und ich weiss auch nicht, wer diesen kugeligen Quatsch erfunden hat. Aber ich hoffe fest, der geniale Erfinder brate in der Hölle und bekomme auch so einen Medizinball-Schuss zwischen die Beine geknallt, wie ich damals, als mir die Luft ausging...

Genug geballert! Kehren wir zum Tagesthema zurück: der FCB hatte sein erstes Meisterschaftsspiel. Also gingen wir hin. Es gibt ja so etwas wie eine moralische Verpflichtung gegenüber der Stadt!

Alles war da. Auch mein Freund Paulchen. Paulchen ist eine ähnliche Fussball-Kuh wie ich. Kommen noch seine leicht o-geschwungenen Beine hinzu – da lässt er alles durch.

Er schaut mich unsicher an: «Es gibt beim FCB so ein Fitness-Programm. Sie haben gesagt, wir dürfen mitmachen. Ballspiel und so...»

Meine Protestschreie gingen im Jubel der Menge unter. Denn

Helmut Benthaus erhielt Blumen. Dann pfiff jemand. Und sie gingen alle an den Ball.

Als wir später aufs Tram warteten, und zwei Blau-Rot-Käppchen über die Niederlage ihres Clubs lamentierten, hörte ich wie einer erklärte: «Der Erwartungsdruck ist einfach zu hoch gewesen...»

Vielleicht sollen wir doch ins FCB-Training. Zumindest der Erwartungsdruck fällt bei uns weg...

Ein Teller voll Milchsuppe

Suppen sind aus der Mode gekommen. Verdampft. Zurück bleiben die grossen Schüsseln, die uns den Platz im Geschirrschrank wegnehmen. Und der Suppentellerberg (der immerhin noch für die Pasta-Gänge verwendet werden kann). Irgendein siebengescheiter, magermagenanbetender Doktor hat einmal die Devise herausgetüftelt: «Suppen machen dick...» Damit ging's ihr an den Kragen. Geduldet ist höchstens noch die konzentrierte Hühnerbrühe, bei der das Fett abgesiebt worden ist.

Eine währschafte Griess-Suppe, in der braune Zwiebelflocken schwimmen, die man vorher in heisser Butter ausgebacken hat, ist bereits Nostalgie. Brotsuppen kennt man nur noch vom Hörensagen. Und wer kennt noch die Tapioca-Suppe, diese einzigartige Köstlichkeit mit den weichen, funkelnden Perlen drin. Keiner! Ja, eine gute Freundin von mir hat kürzlich erzählt, sie habe ganz Basel nach diesen Suppen-Sago-Perlen abgeklopft, und alle hätten nur Bahnhof verstanden...

Suppen waren früher überlebenswichtig – wie Brot. Eine «Tagessuppe» ist auch dem Ärmsten der Armen stets zugestanden. Und bekanntlich ist an den Haustüren «um e Däller Suppe» gebettelt worden. Entsprechend hatte die Suppenanstalt Silberberg im Kleinbasel auch ihre wichtige Funktion: Hier wurden täglich Suppen für die Armen ausgeschöpft.

Nun kennt man in Basel die «Milchsuppe». Dabei denkt man allerdings in erster Linie an das riesige Areal, das dem Bürgerspital gehört und sich bis zur Elsässer Grenze zieht.

Eine Legende sagt, das Bürgerspital habe dieses Land «um e Milchsuppe» bekommen: Ein Grossbauer hat der Stadt sein ganzes Gut mit dem Land schriftlich vermacht – allerdings mit der Auflage im Altersheim einen Gratis-Platz auf Lebzeiten zu bekommen. Er zog also ein – und weil's schon Abend war, erhielt er das übliche Nachtessen, das man alten Leuten in jener Zeit auftischte: Milchsuppe.

Am Morgen war der Mann tot. Um den Preis einer Milchsuppe ist das Bürgerspital zu dem riesigen Landgebiet gekommen, das man dann «d'Milchsuppe» nannte.

214

Wie gesagt: eine Legende. Bürgerspital-Direktor Alfred Zeugin weiss es genau: «Zwar eine nette Geschichte – aber eben nur Geschichte. Das Areal der Milchsuppe ist schon seit dem Mittelalter stets fetzenweise vom Bürgerspital zusammengekauft worden.»

Das Rezept
Für vier bis fünf Personen braucht es für d' Milchsuppe diese Zutaten:
25 Gramm Butter, 100 Gramm Haferflocken, eine kleine, fein geschnetzelte Zwiebel, 2 Deziliter Weisswein, ein halber Liter Vollmilch, 7 Deziliter Wasser, ein Stück Weissbrot, eine halbe Schlangengurke, Pfeffer, Schnittlauch, Peterli, Salz, drei Hühnerbouillon-Würfel.

Zubereitung
Zwiebel in wenig Butter andämpfen und mit Milch sowie Wasser ablöschen. Haferflocken und Bouillonwürfel hinzugeben – und unter ständigem Rühren zum Kochen bringen. Zehn Minuten köcheln lassen und immer gut rühren, so dass die Flocken nicht anhocken.
Nun gibt man das Ganze durch ein feines Sieb, drückt mit der Holzkelle die Flocken aus (so dass auch der dicke Haferschleim – aber nicht die Flocken – durchs Sieb geht). Die Suppe wird nun aufgekocht – hinein gibt man nun die Schlangengurke, die man in Würfel geschnitten und leicht gesalzen hat.
Auf kleinem Feuer wird alles nochmals fünf Minuten gekocht und schliesslich mit dem Weisswein verfeinert. Noch einmal erhitzt man die Suppe und schmeckt sie mit Pfeffer, Salz und dem gehackten Peterli wie Schnittlauch ab.
Das Weissbrot, das man in Würfel geschnitten hat, wird in heisser Butter braun geröstet. Und auf die verschiedenen vollen Suppenteller heiss verteilt.

Und freitags immer Fisch...

Man hat mir die Lust auf Fisch gehörig versalzen. Zumindest als Kind. Fisch war für mich der Inbegriff von verkörpertem Lebertran. So liess Fisch mich kalt, wie Fisch – nicht so meine Familie. Denn: freitags immer Fisch...

Frühmorgens schon nahm Mutter mich zur Fischfrau mit. Früh – das war wichtig: «Da hat's noch die besten Stücke vom Kabeljau», erklärte sie. «Nach zehn Uhr bekommst du nur noch die Schwanzteile. Und die sind voll von Gräten...»

Die Fischfrau Ihr war stets vor dem Konsi plaziert. Ein ureigener Duft kündete sie schon zwei Strassen früher an. Onkel Alphonse hat daraufhin ein paar seltsame Witze losgelassen. Mutter wurde rot. Sie schaute unsicher auf uns und zischte «Pas devant les enfants!»

Als wir aber vor der Fischfrau standen, krähte Rosie: «Erzähl' jetzt der Frau den Witz vom Fischmärt und den Strassenfrauen von Paris, Onkel Alphonse...!»

Die Fischfrau lachte gemütlich. Sie kannte den Witz schon lange – Mutter wurde noch röter. Und als die Frau dem Kabeljau mit einem Hackbeil den Kopf abknallte, wünschte Mutter stumm, es wäre Onkel Alphonse.

Die Fischfrau trug übrigens stets «Ammedysli» aus grauer Wolle, eine weisse Gummischürze und drei, vier Wollpullover. «Es gibt nichts Kälteres als Fische», beteuerte sie, «... und auch nichts, das stärker haftet. Immer wenn ich mit dem Fischverkauf fertig bin, tauche ich zu Hause eine Stunde ins Bad. Und doch habe ich danach immer noch den Eindruck: da ist dieser Fischgeruch...»

Onkel Alphonse hat uns dann erzählt, dass er einmal die Fischfrau am bunten Abend des «Jodelclub Schützenmatt» getroffen habe. Sie trug ein langes, blaues Kleid, die Haare hochgesteckt, und sah sehr vornehm aus. Dennoch: «Als sie an mir vorbeitanzte, glaubte ich einen leisen Hauch von Fischstand zu schnuppern...», kicherte er. Mutter schalt ihn einen Trottel. Und erklärte uns, wenn wir der lieben Frau auch nur ein Sterbenswörtchen davon erzählen würden, erginge es uns wie dem Kabeljau.

Der Kabeljau kündigte sich übrigens immer schon im Treppenhaus an. Die ganze Colmarerstrasse kochte nämlich Kabeljau. Rosie, der alleine schon beim fischigen Gedanken kotzübel wurde, nannte den Fisch boshaft: die Kabelsau.

Bei uns wurde er stets à la Bâloise serviert, was vornehm und zudem am billigsten war. Die Tranchen kamen in den Fischsud, wurden später im Fett ausgebacken und mit Zwiebelringen aufgetischt.

«Gibt's eigentlich keinen Fisch, der nicht nach Fisch riecht», erkundigte sich Rosie hoffnungsvoll bei der Fischfrau Ihr. Diese brummte: «Wenn ein Fisch nicht danach duftet, ist er nichts wert. Basta!» Und so kabelsauten wir weiter.

Eines Tages nun, als wir an einem Freitag von der Schule nach Hause zottelten, war plötzlich alles anders. Wir blieben stehen. Schnupperten. Bebten mit den Nasenflügeln – aber nichts: Kein Wölklein von Kabeljau, kein Fischgeruch.

Wir stürmten in die Wohnung: «Heute ist doch Freitag – gibt's keinen Fisch?»

Und da brutzelten sie in der Pfanne, Goldengelb. Mutter faltete zufrieden die Hände darüber: «Das gibt's jetzt aus der Tiefkühltruhe. Sie nennen's ‹Fischstäbli›. Die sind noch billiger als Kabeljau.»

Rosie versuchte einen kleinen Zipfel. Und meckerte: «Die schmecken nach Sägemehl. Gibt's keine Fischstäbli, die nach Kabeljau duften...»

Und dann hatte Mutter wieder diesen Blick, wie Frau Ihr, wenn sie ihren Fischen den Kopf abhackte...

Grättimaa

Bei uns kamen die Grättimänner lediglich am Klausentag auf den Tisch. Da gab's kein Pardon. Mutter blieb stur: «Ein Grättimaa ist ein essheilig-kulinarisches Klausenrelikt. Wer vorher an seinem Bein knappern sollte, ist des Teufels...»
So warteten wir also sehnsüchtig auf den 6. Dezember, wo die Familie um den Esstisch sass und fröhlich Grättimaa-Stücklein in heisse Schokolade eintauchte. Grossmutter (vaterseits) schlürfte genüsslich, was Mutter zu flehenden Blicken veranlasste: «Bitte! Die Kinder...?»
Worauf die Grossmutter seelenruhig weiter sabberte: «Also liebes Lotti – kein Mensch macht die Grättimänner so gut wie du. Da muss man einfach drauflosschmatzen. Wenn man so vornehm isst und ist wie in Deiner Familie, schmeckt's nur halb...»
Daraufhin killte Mutter mit dünnen Lippen dem Grättimaa den Kopf ab und wird dabei ihren eigenen Vorstellungen gefröhnt haben...
Das süsseste Männele-Bein konnte dem auf den Magen schlagen, der am folgenden Tag Dora Muff erleben musste: Sie schleppte einen Riesen-Grättimaa an.
«Bitte – das ist ein Grättimaa!», gab Dora dick an. «Den hat meine Mutter gebacken. Da wird mit nichts gespart – aber wenn man halt ein gewöhnlicher Trämler-Balg ist...»
Wir flehten Mutter nun also an, den nächsten Grättimaa auch mit Hagelzucker sowie einer Tonpfeife zu dekorieren.
Mutter lächelte: «Ich kann mir nicht vorstellen, das Frau Muff in der Küche steht und Männlein backt – bei drei Dienstboten...»
Aber als der Santiklaus-Tag heranrückte, lag da wohl unser traditioneller Grättimaa auf dem Tisch – daneben jedoch hatte Mutter ein kleineres Exemplar gelegt. Mit Tonpfeife. Und Hagelzucker.
In der Schule legten wir die beiden Grättimänner nebeneinander. Beide sahen prächtig aus. «Wir wollen zu Frau Schneiderhahn gehen. Die ist Bäckersfrau. Und kann beurteilen, welcher von beiden der schönste ist...»

So eilten wir also zum Allschwilerplatz. Frau Schneiderhahn lächelte, säbelte ein Stücklein Grättimaa-Bein ab, kostet: «Also ehrlich, ich sag's ja nicht gerne – aber der von Rosie ist besser. Und ich weiss, was ich behaupte: Denn der von Dora wird ja stets in unserer Bäckerei bestellt...»

Zu Hause haben wir die Geschichte erzählt. Mutter lächelte stolz. Und Grossmutter (vaterseits) faltete die Hände: «Und bei so etwas soll man nicht laut schmatzen dürfen...»

Der Wunschzettel

Immer vor Weihnachten schrieben wir Wunschzettel. Ellenlange. Mutter schaute uns über die Schulter und wetterte: «Von Bescheidenheit habt ihr wohl noch nie etwas gehört... und überhaupt: das Christkind beschenkt nur die braven Kinder. Um solche wie euch macht es einen grossen Bogen...»
«Fliegt...», sagte Rosie.
«Bitte was?»
«Fliegt es einen grossen Bogen...», erklärte Rosie geduldig. Sie war unglaublich altklug. Mit dem Alter hat sich das gegeben.
Dora Muff schrieb keine Wunschzettel. «Jerum seid Ihr Trämler-Balgen hinter dem Mond zu Hause. Man kann dem Christkind doch telefonieren. Direkt. Mein Vater stellt mir die Nummer ein. Und ich sage meine Wünsche in den Hörer...»
«Bei deiner Orthographie ist dies wohl auch die bessere Methode», meinte Rosie spitz.
Dann sagten sie sich einiges. Und deshalb heisst's ja auch: «Oh du fröhliche, oh du selige Weihnachtszeit».
Nun hing mein Herz mit aller Faser an einem Paar Ballettschuhe. Rosa. Mit verstärkten Spitzen. Dies schrieb ich. Und Mutter glaubte an Halluzinationen: «Hans – er will Ballettschuhe vom Christkind. Da stimmt doch etwas nicht. Hans, sprich ein Machtwort. Wo er überhaupt so komisch ist und...»
Mein Vater stemmte die Hände in die Hüften: «Also mein Sohn. Ballettschuhe sind doch für Mädchen. Besonders rosafarbige. Freche, lustige Buben wünschen sich einen Fussball. Oder ein Paar Skis...»
«Umhimmelswillen – da sei Gott vor...», wehrte ich ab.
«Zumindest ein Paar Hockey-Schlittschuhe...», versuchte es nun Vater.
«Die wünscht sich deine Tochter!», meinte Mutter kummervoll. «Mit dem dazu passenden Beinschutz – Hans, von mir haben sie das nicht...»
Vater wurde nun doch sehr energisch: «Entweder Ihr schreibt etwas Rechtes auf den Wunschzettel. Oder das Christkind bringt überhaupt nichts – kapiert!»

Wir hatten kapiert. Ich hockte unglücklich auf meinem Bett: «Weshalb meinen die Erwachsenen nur immer, rosa sei für Mädchen...»

«...und nur Männer würden einen Schutz tragen», jammerte Rosie mit. Dann sannen wir auf einen Ausweg. Ich zählte da ganz auf meine Schwester. Sie hatte im Betragen eine Drei. Das stempelte sie.

Schon wühlte Rosie den Kleiderschrank meiner Mutter durch, zog zwei weisse Negligés hervor und holte die Schere: «Hock nicht so herum – los! Lauf und besorge uns die goldenen Karton-Flügel von Tante Esmeralda...»

Zwei Stunden später belebten wir die Stadt als allerliebste Engelein. Wir sangen «Leise rieselt der Schnee.» Zweistimmig. Die Leute blieben gerührt stehen. Rosie hatte das Liedlein etwas abgeändert:

«Leise rieselt der Schnee
me git zäh Rappe und meh...»

«Entzückend», freute sich eine Dame und zückte das Portemonnaie. Sie drückte demonstrativ einen Fünfliber in unsere Sparsau. Eine andere Frau erkundigte sich: «Kann man euch mieten...?»

Eine Stunde später sangen wir in unserer Négligé-Aufmachung mit den Karton-Flügeln bei den ACS-Damen vor.

«... und da habe ich mitten auf der Strasse diese reizenden Engelein aufgegabelt», kündete uns die Präsidentin an. Der Applaus war umwerfend. Wir flatterten wild mit unsern Flügeln – die Damen hatten Tränen in den Augen.

«...und weshalb tut Ihr das alles?», fragte die nette Frau nach dem Auftritt.

«Wir wünschen uns rosa Ballettschuhe. Und Hockey-Schlittschuhe – und weil wir so einen unverschämten Wunsch haben und das Christkindlein rosa bei Buben nicht mag, sammeln wir jetzt eben...»

«Nein, wie reizend», rief die Dame und klatschte in die Hände. «Hier habt Ihr zehn Franken. Dafür könnt Ihr Euch Süssigkeiten kaufen bis Ihr platzt...»

«Mit zehn Franken wird's wohl nicht zum Platzen reichen...», unterbrach Rosie geschäftstüchtig.

Die Präsidentin gab uns zwanzig. Und das war nicht zuviel, hatte Mutter doch zu Hause die abgeschnittenen Resten von

zwei Negligés entdeckt. Das Resultat war orkanartig und gip-
felte im Beschluss: «Auf Weihnachten bringt euch das Christkind nur Unterhosen...»
Da hatten wir's. Unterhosen war das allerletzte. Wo sie nicht
einmal rosa waren.
Immerhin – das Christkind muss uns doch noch wohl gesinnt
gewesen sein. Am Heiligen Abend brachte der Pöstler nämlich
ein Paket: «Für die lieben Engelskinder». Die ACS-Damen
hatten den Auftrag zum Himmel geschickt – da lagen ein paar
Ballettschuhe (rosa). Und «Höckers» samt Schutz.
«Wir hoffen, dass sich das liebe Mädchen an den Spitzenschu-
hen freuen wird...» hiess es in einem Begleitbrieflein. Wir liessen das Schreiben rasch verschwinden. Zumindest vom Christkind hätten wir mehr Feingefühl erwartet...»

Christstollen

Rosie hat mich zum Tee eingeladen. Sie ist ganz der Teetyp. Das hat sie von Mutters Seite. Dazu serviert sie «Altbaches». Vom Extra-Ständer der Migros. Hätte sie drei Tage gewartet, so wären die «Stüggli» in einem Antiquitätengeschäft als Versteinerungen aus dem «Praecox» (oder wie immer das heisst?) angepriesen worden.

Auch die Sparsamkeit hat sie von Mutters Seite.

Nun sitze ich also vornehm in den tiefen Sesseln (weshalb lassen einen moderne Architekten immer nur eine Hand hoch über dem Boden schweben – man kommt sich in diesen Polstern vor, wie Häslein in der Grube – aber wir hoppeln vom Thema ab. Da sitzen wir also vornehm mit gespreiztem kleinem Finger an der Tasse, versuchen das härteste Nussringli des Jahres zum Erweichen zu bringen, während unsere Schwester fröhlich drauflosplappert: «...und dann habe ich die Weihnachtsstollen fingerdick mit einer Glasur überzogen, weisst Du, so wie sie Mutter uns immer gemacht hat. Und...»

Nun darf man unsereins nicht ungestraft Weihnachtsstollen in Gesprächsfetzen servieren.

«Wo sind die Stollen? – Her damit!»

Rosie bleibt ganz Dame. Vor dreissig Jahren hätte ich geglaubt, das wäre ein Ding der Unmöglichkeit. Aber: tempora mutantur et Rosi cum illis...

«Sei nicht kindisch. Du weisst ganz genau, dass so ein Weihnachtsstollen erst an Weihnachten gegessen werden darf...»

«Lass mich wenigstens ein bisschen an der Zuckerglasur lecken...»

Rosie grinst: «Du bist unverbesserlich...»

Die Sache mit der Stollenglasur hat nämlich eine Geschichte. Die Weihnachtsstollen gehörten bei uns zu Hause auf den Weihnachtstisch wie die Mandarinen. Und die kandierten Datteln. Kaum dass der Santiklaus die Rute gebracht hatte, ging Mutter auch schon an die Backerei: So ein Stollen braucht Ruhe. Er sollte mindestens zehn Tage in der Kühle liegen. Nur dann schmeckt er richtig...»

«Ein Christstollen ist sowieso nichts für den Basler Weihnachtstisch...», brummte Grossmutter. «Weshalb kannst du nicht Läckerli backen, wie andere Basler Frauen auch...»

Die Stimmung war gereizt. Aber Mutter flötete honigsüss: «Ich weiss nicht, ob du mit deinen Zähnen die Läckerli noch schaffen würdest, meine Liebe...» Das sass. Und Grossmutter beschloss, Mutter nun doch mit der scheusslichen Enzian-Vase zum Fest zu überraschen...

Natürlich lungerten wir während der Backzeit in der Küche herum. «Wehe, wenn ihr nascht – da bekommt man lange Finger...», versuchte uns Mutter loszuwerden. Sie rührte eben die Glasur an. Und von dieser Glasur war beim «Kränzli» (dem sogenannten Drachentreffen – so Vater) das letzte Mal viel gesprochen worden.

«Ich nehme nur Puderzucker, Vanille und reine Butter...», gab Mutter dick an. «Das haben wir in der Kochschule Engel so gelernt – und eine der Engel-Damen kam aus Dresden, die musste es wissen.»

«Ich finde diese Glasur viel zu fett...», seufzte Nelly Blickensdorfer, «ich überpudere nur. Man sieht ja, wo dicke Glasuren hinführen...» Sie warf einen Blick auf Mutters Rundungen.

«Wir können nicht alle vom Hopfenfeld kommen...», erklärte Mutter ruhig. Und hob das Kränzlein auf: «Ich muss die Stollen jetzt auf den Schlafzimmerkasten legen. Erstens ist es dort stets schön kalt. Und zweitens kommen die Kinder nicht ran...»

Hier hat Mutter ihre Brut unterschätzt. Als sie eines Abends mit Grossmutter ins Theater gegangen war, stellten wir zwei Tabourettli aufeinander. Und bestiegen die schwindelnden, süssen Höhen: Da lagen sie. Weisse Schneelandschaften, jeder gute zwei Kilos schwer mit fingerdicker Zuckerschicht.

Der Stollen liess uns kalt – aber die Schicht machte uns heiss. So begannen wir am ersten Kuchen zu knübeln, pickelten das Weiss herunter, leckten es auf – den zweiten Stollen leckten wir ganz einfach nur noch ab. Und beim dritten wurde uns schlecht.

«Ob wir wohl lange Finger bekommen?», rätselte ich.

«Ich seh' den Teppichklopfer an der Wand...», sang Rosie. Dann schauten wir betrübt auf den Boden, wo sich der Puderzucker wie erster Neuschnee über die Bettumrandung gelegt hatte.

«Liebes Christkind – wir haben's nicht gewollt. Aber jetzt ist es geschehen. Rette uns vor den Prügeln», flehte Rosie himmelwärts. Sie glaubte an ihre Beziehungen dort. Und eben in diesem Moment hörten wir die Türe gehen. Vater war's. Mit zwanzig Parteifreunden. Sie hatten das Weihnachtsmittagessen hinter sich und einiges intus. Ihre Backen glühten wie rote Feueräpfel und die Äuglein glänzten den Glanz der Promille.

«Ich mache Euch einen Kaffee», trompetete Vater. «Meine Frau ist im Theater. Aber irgendwo hat sie noch Christstollen. Der Schnaps ist im Buffet…»

Zehn Minuten später kauten sie unsere Stollen. Auch die geleckten. Am andern Tag, als Mutter wie ein Gewitter über Vater losprasselte, rümpfte dieser die Nase: «…und die Zuckerschicht war auch nicht wie sonst. Viel zu dünn…»

Mutter regte sich fürchterlich auf: «Den Kindern verbiete ich zu naschen, und du gehst einfach hin, nimmst dir drei von meinen Stollen und verfütterst sie an diese rote Brut. Was wollt ihr denn in eurem Zustand noch von der Zuckerschicht wahrgenommen haben – ihr Saftbrüder, ihr!»

Wir wären Vater gerne beigestanden – aber man soll dem Christkind nicht ins Handwerk pfuschen.

Rosie rührt noch immer in der Teetasse. «Also gut – es ist zwar eine Schande, wenn ich dir heute schon so ein Stück abschneide. Aber mit den Erinnerungen ist mir auch wieder der Heisshunger auf die Zuckerschicht gekommen. Komm – sie liegen im Schlafzimmer auf dem Kasten, damit Oliver nicht dran kann…»

Dort lagen sie dann wirklich. Einer jedoch sah ziemlich havariert aus. Die Zuckerschicht war aufgepickelt – überdies hatte sie Leckspuren.

Rosie stemmte die Hände in die Hüften: «Das gibt's doch nicht – na warte, Bürschchen!»

Hoffentlich hat Oliver auch gute Beziehungen zum Christkind…

Die Ermordung des «Bischofs» am Neujahrsempfang

Mutter bestand auf Neujahrsempfängen. Vater war dagegen. Er nannte die Besucherei den «Tanz der Vampire». Da die Besucherei nur von Mutters Sippe her unternommen wurde, blieben seine Einwände unbeachtet: «Hans – davon verstehst du nichts», erklärte Mutter in bestimmter Tonart. «Die Tradition eurer Familie beschränkt sich an Silvester auf den obligaten Bier-Suff.»

Grossmutter rümpfte die Nase: «Jawohl – und die Fahne tragt ihr bis zum ersten Mai.»

Dann flüsterte Vater etwas von Hexenbesen. Und Grossmutter hörte es. Sie war stocktaub – so behauptete sie wenigstens. Aber alles, was sie nicht hätte hören sollen, bekam sie bestens mit. «Muss ich mir das bieten lassen, Lotti?!» schneuzte sie zu Mutter. Diese seufzte: «Du kennst ihn doch – er hat am Neujahrstag sowieso Sechserdienst. Mein Mann läutet Silvester eben auf den Tram-Schienen aus – man kann im Leben nicht alles haben…»

Dann wurden die beiden Frauen melancholisch und begannen fünf Körner Kardamom zu zerstampfen. Das mit dem Kardamom war nämlich auch so eine Sache. Grossmutter bereitete für die Neujahrs-Visite stets den «Bischof» zu. Vermutlich kennen heute nur noch wenige Basler Familien dieses süsse Gesöff, das kein Mensch mochte, das aber penetrant und konstant als Pendant zu dem ebenso schrecklich klebrigen Hypokras in die «Hochfiessli» eingeschenkt wurde.

Zum «Bischof» gehörten also fünf Körner Kardamom. Mit dem Mörser bearbeitet. Und mit Pomeränzlein angereichert. Pomeränzlein wiederum waren allerliebste, kleine Orangen – auch diese wurden dem «Bischof» beigegeben. Ferner Weisswein. Mit viel Zucker. Und was unser -sten heute den badischen Weinbauern ankreidet, hätte man gestern den Basler Familien mit ihrer Neujahrspanscherei längst vorwerfen können. Vermutlich haben's die badischen Weinbauern sogar von den Baslern übernommen. Denn immer, wenn Grossmutter

«Rasch den Bischof!» trompete Grossmutter zu ihrem Mädchen. Schon wurde die goldgelbe Brühe in die hochstieligen Gläser abgefüllt.

«Möge das Jahr so süss werden wie unser Neujahrsgetränk», dozierte sie. Die Verwandtschaft toastete einander vornehm zu, hob die Gläser an die Lippen und prustete die Sache wieder höchst unnobel auf den Boden!

«Ach nein, eine Horde speiender Lamas!» kicherte Vater.

Mutter schoss ihm einen Blick zu: «Hans – das ist dein Satanswerk! Und was schenken wir unsern Gästen jetzt aus?»

Vater setzte sein gewinnendstes Lächeln auf, ein Lächeln, das schon Dutzende von Billetteusen auf die Schienen gelegt hat: «Es gibt Bier. Frisches Bier vom Fass. Ich habe eben eines angestochen. Das ist in meiner weniger vornehmen Familie nämlich Neujahrsbrauch. Wenn nun jemand einen Humpen mit mir trinken will – bitte!»

Eine Stunde später klopften die männlichen Verwandten meinem Vater auf die Schultern: «Gottlob hast du mit diesem Bier angefangen – du glaubst gar nicht, wie wir diesen ‹Bischof› gehasst haben. Du hast ihn persönlich ermordet. Dafür lassen wir dich hoch leben. Und nächstes Jahr beteiligen wir uns an einem zweiten Fass – prost!»

Nur Grossmutter nuggelte standhaft an ihrem Neujahrs-Gebräu mit Essig. Als nun gar die weibliche Verwandtschaft angefeuert von Hopfen und Malz unseren Vater bedrängte: «Sing das Lied vom Zigeunerbaron!» da knurrte sie Mutter zu: «Meine Familie – was sagst du nun?! Kommt so ein Trämler mit einem Fass Bier und schon vergessen sie Kultur und Kinderstube…»

Mutter lächelte: «Die Zeiten ändern sich – nur mein Hans bleibt eisern!»

«Du weisst genau, dass ich auf diesem Ohr taub bin», ärgerte sich Grossmutter.

von ihrem süssen «Bischof» kostete, schlückelte sie vornehm und nannte das Getränk «ganz allerliebligscht». Sie lächelte dann süss. Nur Vater wurde sauer: «Von meinen schönsten Weissweinflaschen habt ihr euch bedient. Und mit diesem scheusslichen Zeug die edlen Tropfen verhunzt. Dass nennt ihr dann noch ‹lieblich›?! – Dieses ganze Gesöff ist so verlogen süss wie eure Neujahrsvisiten...»

Grossmutter schaute vorwurfsvoll zu Mutter. Diese faltete die Hände: «Er spricht, wie er's versteht...»

Dann wurde das Thema ad acta und der «Bischof» in die Kühle gelegt.

Am Neujahrsmorgen wurden Rosie und ich auf Hochglanz poliert. Meine Schwester schaute höchst unglücklich auf die Lackschühlein, die glänzten, als ob sie's bezahlt bekämen. Und mein Haar wurde mit Brillantine sowie mit dem Scheitel-Lineal bearbeitet – Vater kam brummend ins Kinderzimmer: «Könnt Ihr schön Männchen machen. Aber denen versalzen wir die Suppe zünftig. Wisst Ihr, wo Grossmutter ihren ‹Bischof› aufbewahrt?»

Natürlich wussten wir's. Für den «Bischof» war nur die beste Schüssel gut genug. Diese stand im Keller. Weil's dort schön gleichmässig kühl war. «Im Keller also», grinste Vater. «Die werden schön sauer reagieren – wo hat Mutter den Essig?»

Es versprach ein höchst fröhlicher Empfang zu werden.

Gegen elf Uhr kamen alle. Die Pellmonts hatten die Sunntigspastetli geschickt. Sie dampften köstlich auf den Silbertellern. Überdies gab's Läckerli. Und Grossmutter schleppte ihren «Bischof» in der grossen Kristallschüssel an.

Vater stand in den Trainingshosen unter der Türe. Mutter zischte: «Hast du heute keinen Dienst?»

Er strahlte: «Nein – sie haben mir frei gegeben, damit ich mich einmal meiner lieben Familie widmen kann...»

«Narkotisier' ihn!» – brüllte Grossmutter.

Aber dann trabte Tante Agathe an. Sie übersah Vater einfach, segelte auf Mutter zu und säuselte: «Wie nett – hast du wieder einen Clochard über Weihnachten aufgenommen?!» Dann schlug sie sich gespielt erschreckt auf den Mund: «Jerum – das ist ja Hans, der Trämler!»

Vater blieb seelenruhig: «Wenn dir das Urteil des Fachmanns lieb ist: Tramtechnisch sind deine Schienen ausrangiert...»

Inhaltsverzeichnis